the Chronicle《ザ・クロニクル》
戦後日本の70年 1

1945-49

昭和20-24年

廃墟からの出発

共同通信社

JN302609

巻頭言

生きた年代記への期待

五木寛之

数十ページの文章よりも、そこにそえられた一枚の写真のほうがはるかに強い衝撃をあたえることがある。写真による年代記というのは、だれもが思いつきそうでいて、実はきわめて困難な仕事なのだ。撮影と保存、その分類と編集は、ほとんど気が遠くなるような作業だからである。

いま私の目の前におかれた映像の数々は、まさしく私自身が生きた時代の一面を如実に切り取って示してくれる。

一九四五年（昭20）から一九四九年（昭24）までの第一巻を前に、私はほとんど言葉を失い、終日くり返しそれらの写真を眺め続けるだけだった。

そうなのだ。こんなふうにして私たちは敗戦を迎え、戦後を生きてきたのだ。圧倒的な数のそれらの写真からは、現在の私たちが忘れ去った日々の匂いや、手ざわりや、ノイズなどが、湧きたつように迫ってくるのである。

それらの写真のなかには、私がこれまで何十回となく繰り返し目にしてきたものもあり、まったくはじめて接する写真もあった。

一九四五年、昭和天皇がマッカーサーと並んで立たれている有名な写真は、前者の代表的なものだ。日本国民にショックをあたえたこの映像の構図は、まさしく象徴的である。

一九四六年の夏、国会議事堂の前が芋畑になっている写真は、はじめて見た。思わず笑いがこみあげてくる風景だ。

この年は敗戦の結果だけではなく、前年の冷夏と風水害のせいもあって、この国は未曾有の食糧難に見舞われた。

皇居前に25万人が集まり、深刻な食糧不足を訴えるデモ行進が都内で行われたのも、この年である。デモ隊のプラカードには、

「イヤダ!! 餓死は」

「ワタシタチハ　オナカガペコペコデス」

などという文字が読みとれる。いわゆる「米よこせ」デモと称された出来事である。一般的におとなしいといわれる日本人も、食えなくなると羊ではなくなるという貴重な写真だ。国会議事堂前だけでなく、日本橋のあたりもカボチャや芋の畑があったらしい。

同じ頃に撮影された一枚のスナップが、私には苦い記憶をよびおこす引き金となった。アメリカ進駐軍兵士の膝に抱かれて笑っている男の子の写真である。説明の文章を読むと、どうやら日本人の戦争孤児であるらしい。小さな軍服を着て、米兵と同じ帽子をかぶっている。

私がその子と同じ年頃だったのは、いわゆる軍国主義の時代だった。七五三の行事のときなど、陸軍や海軍の軍服をまねた子供服を着て神社に詣でたものだった。時代というのは、子供にも避けがたく影響するものだな、と、あらためて感じたのだった。

引き揚げの写真なども数枚ある。いまは引き揚げという言葉すら耳にしたことのない世代もいるだろう。この主題に関する限り、写真の数はあまりにも少い。いわゆる外地から本土へ引揚げた人びとの数は、一九四六年までに510万人に達したという。

一枚の写真のもつ表現力は、ときとして文章をはるかにこえる力を発揮する。しかし、それと同時に、写真もまた表現の手段であることも忘れてはならない。歴史の現場にあっても、撮影者の技術、意図、主観などはいやおうなしに画面に反映する。写真は必ずしも事実そのものではない。写真は事実を映すものであると同時に、創造的な手段でもあるのだ。真実と虚構の狭間に、写真の魅力があるともいえるだろう。

写真による年代記の試みは、まだ始まったばかりである。この野心的な企てに、少年のように胸をときめかせながら期待するのは私だけではあるまい。

私自身も二〇代の後半、報道用のスピグラをかついで取材に駆け回った時期があった。いまでいう専門紙の、カメラマン兼記者、兼編集長だったその頃のことを懐しく思い出しながら、この第一巻のページをあきずにめくっている。

the Chronicle **Index**

玉音放送（37 ページ）

広島・原爆のきのこ雲（30 ページ）

本土大空襲（23 ページ）

本文で扱っている日本の出来事に関する主な写真とその掲載ページです。（海外の出来事、in Reviewで扱っている内容などは掲載していません）

1945

マッカーサー、日本占領の第一歩（38 ページ）

長崎・原爆で破壊された浦上天主堂（34 ページ）

米軍、沖縄上陸（26 ページ）

焦土を歩く昭和天皇（22 ページ）

1946

女性が政治に参加
（72 ページ）

天皇巡幸（67 ページ）

引き揚げ（59 ページ）

降伏文書調印
（41 ページ）

新しい教科書
（75 ページ）

東京裁判（68 ページ）

進駐軍の兵士たち
（61 ページ）

天皇、マッカーサーを訪問
（47 ページ）

1947

ゼネスト中止（105 ページ）

食料難（88 ページ）

食料メーデー（85 ページ）

憲法公布（76 ページ）

男女共学（106 ページ）

進駐軍（92 ページ）

買い出し列車（87 ページ）

元気な子ども（81 ページ）

1948

帝銀事件（137 ページ）

八高線事故（128 ページ）

女性の活躍（117 ページ）

新憲法施行（110 ページ）

昭電事件（140 ページ）

カスリーン台風
（130 ページ）

街頭録音（125 ページ）

社会党内閣（114 ページ）

1949

東宝争議（142 ページ）

ヘレン・ケラー来日
（151 ページ）

下山事件（169 ページ）

松川事件（173 ページ）

東京裁判終わる
（145 ページ）

集団見合い（152 ページ）

三鷹事件（170 ページ）

湯川秀樹ノーベル物理学賞（176 ページ）

本書について

the Chronicleは、共同通信社と加盟社が撮影、報道してきた写真をもとに構成した、戦後70年を概観する写真集です。5年間を1冊とし、全14冊からなるシリーズです。

当時、新聞掲載のために修正を施した写真が含まれます。

本文中クレジットのない写真は共同通信社の所蔵写真です。

凡例

◆原則として当時の地名・地域名を用い、必要に応じて現在のものを併記しています。

◆海外の出来事は原則として現地時間で記し、必要に応じて日本時間を併記しています。

◆肩書などは原則として当時のものを用いています。敬称は原則として省略しましたが、状況に応じて個別に判断しています。

掲載写真および記事の無断転載、電子送信をお断りします。

Introduction

戦争

米軍沖縄上陸、飛び交う砲弾の雨＝1945年4月

降伏

東京湾の米戦艦ミズーリに到着した重光葵以下の日本代表団＝1945年9月2日（米国防省）

進駐

再開した米国大使館で進駐式を行い、
米国旗に敬礼するマッカーサー（右手前）
と進駐米軍の幹部＝1945年9月8日、
東京・赤坂

法廷

東京裁判で裁判長を務めたオーストラリアのウィリアム・ウェッブ＝1948年11月5日、東京・市谷

東京裁判の証言台で宣誓する元満州国皇帝溥儀＝1946年8月16日、東京・市谷

躍動

レビューも復活。日劇ダンシングチーム（NDT）のラインダンス＝1946年10月13日、東京・有楽町の日本劇場

生活

「闇のものではなく公定価格の商品を買って物価の引き下げを」とのスローガンを掲げて都庁前を出発する値下げ運動の花自動車＝1947年5月22日、東京・丸の内

この証紙の
貼ってある
品物は
安心
闇がみんな

孤児

進駐軍兵士の養子となった戦災孤児＝1946年1月

1945

昭和20年

↑空襲を受け、焼け野原になった東京。
①新大橋　②明治座
③久松警察署
④久松小学校
⑤隅田川＝9月初め
（米陸軍通信隊）
←焦土となった東京・深川の富岡八幡宮付近を視察する昭和天皇＝3月18日

本土大空襲

全国の主要都市が焦土に

B29が焼《しょう》夷《い》弾で無差別爆撃

第2次世界大戦の末期、米軍の日本本土への空襲が激化し、1945年3月10日未明には325機のB29爆撃機が東京上空に現れて、無差別に爆弾を投下した。

発火性の薬剤を中に詰めた大量の焼夷弾が木造家屋を燃やし、火災を目標にした後続爆撃で首都は焦土と化した。

この東京大空襲で27万戸を超す家屋が焼失、約10万人とされる死者が出た。現在の江東区、墨田区、台東区などに当たる下町地区の被害が特に大きかった。

B29による東京への空襲は前年11月から始まっていたが、高度1万㍍からの爆弾投下では目標である軍需工場への命中率も低く、大きな損害を与えられなかった。

このため米軍は爆撃の高度を下げ、木造家屋の延焼を狙った焼夷弾を使用する方針に切り替えた。

天皇がいる東京への空襲は日本国民の戦意を喪失させる意図もあった。

東京のほか、全国の中小都市も襲った焼夷弾使用の無差別爆撃は終戦の日まで続いた。

↑大阪市の工場地帯を爆撃するB29。下方中央は大阪城＝6月1日

1945年
昭和20年

特攻と特殊兵器
日本軍末期を象徴する戦法

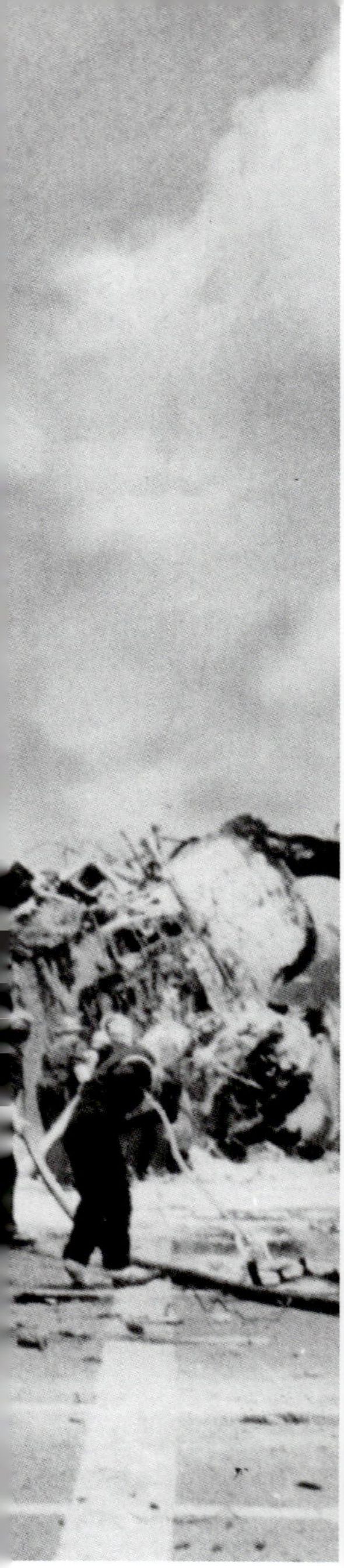

↓航空特攻兵器「桜花」。戦果はほとんど挙げられなかった＝6月、沖縄本島・読谷村（米海兵隊／ACME）

↑米軍偵察機を欺くため、わらで作った偽装軍用機＝4月、沖縄本島・読谷村（米海軍／ACME）

体当たり攻撃で戦局逆転狙う

第2次大戦後半、米軍の圧倒的戦力を前に窮地に立たされた日本軍は、戦局打開の策として、戦闘機による体当たり攻撃を行う「特別攻撃隊（特攻隊）」を編成した。

1944年10月のフィリピン・レイテ沖海戦で、組織的な特攻が最初に行われた。海軍「神風《しんぷう》特別攻撃隊」の大和隊、菊水隊などが出撃して米空母2艦に突入。続いて関行男大尉らの敷島隊が米空母3艦に突入し、護衛空母セント・ローを撃沈した。

この作戦の成功によって、日本軍中枢は特攻を重視する

↑日本軍特攻機の突入で起きた火災を消す空母乗組員＝6月（ACME）

ようになった。

45年に入ると、陸海軍はいずれも特攻を主体とした部隊編成に力を入れ、「桜花」などの特攻専門機も投入された。

戦闘機による空からの特攻以外にも、兵士が魚雷に乗り込んで敵艦に突入する人間魚雷「回天」、体当たり用モーターボート「震洋」など特殊兵器も出現した。

特攻隊員には、10代の若者も少なくなかった。戦局が悪化すると、満足な飛行訓練を受けていないパイロットも特攻機で出撃することを余儀なくされた。

特攻は米軍を戸惑わせはしたが、日本に不利な戦況を打開するには至らなかった。

終戦直前には練習機まで特攻に投入しなければならないほど、日本軍の戦力は低下していた。

1945年
昭和20年

米軍、沖縄へ
艦砲射撃から数時間で上陸

日本軍は防衛方針混乱

1945年4月1日、米軍は沖縄本島に向けて沖合の戦艦と航空機から激しく砲弾を撃ち込み、作戦開始から数時間で大きな抵抗も受けずに沖縄本島中西部の中飛行場と北飛行場の正面海岸に上陸した。

日本軍の最高統帥機関である大本営はフィリピン占領後の米軍の攻撃目標を沖縄、台

湾、中国本土の上海付近などと予想し、各地に兵力を分散していた。

　沖縄を守備した陸軍第32軍は兵力の差から海岸での抵抗をあきらめ、南部の首里城地下壕《ごう》に司令部を設置した。

　司令部内では持久戦か積極的攻撃かで意見が分かれたが、大本営は当初、持久戦を指示。米軍が沖縄占領後に日本本土へ侵攻することを想定し、本土防衛の準備に向けて時間を稼ぐ狙いもあった。

　上陸した米軍に対して日本軍は夜襲などで抵抗。海軍は海上に待機する米戦艦に戦闘機による体当たり攻撃を行い、4月6日には戦艦大和を出撃させた。だが大和は翌日、九州南方の海上で米戦闘機の攻撃を受けて沈没した。

　米軍の勢いに圧倒された大本営は、持久戦か総攻撃かで方針を頻繁に変え、死傷者は拡大した。

米軍の攻撃で炎上する民家＝4月、沖縄・伊江島（米沿岸警備隊）

↑米軍の砲撃跡が水たまりとなっている。首里城周辺＝6月（米陸軍／ACME）

沖縄戦
激烈な地上戦で20万人犠牲

一般人の集団自決も

首里に司令部を置く沖縄守備隊の陸軍第32軍は米軍の上陸後、幾度か総攻撃を行ったが、相手側の戦力に圧倒されて大損害を受けた。

以後、戦力が低下した日本軍は、早期決着を目指す米軍に持久戦を中心にして対抗した。

5月には司令部を首里から南の摩文仁《まぶに》の丘に移したが、米軍の砲撃に遭って多くの犠牲を出した。

その後、米軍が首里を占拠し、守備隊司令官の牛島満中将は指揮権放棄を宣言して6月23日に自決した。

↓伊平屋島に向かう米軍上陸用舟艇。白煙は炎上する日本軍の砲座＝6月(ACME)

↑米兵からたばこをもらい一服する老人。何週間も洞穴に潜んでいた＝4月、沖縄本島（米海兵隊／ACME）

組織的な戦闘はここで終結したが、各地に残る日本兵は一般人に変装して米軍に攻撃を仕掛けるなどして抵抗を続けた。

沖縄本島には疎開した一部を除き、約50万人の住民がいた。米軍は軍人だけでなく一般人も巻き添えにして掃討作戦を行い、多くの住民が命を落とした。

伝令や看護要員として動員された少年少女も多かった。沖縄師範学校女子部と沖縄県立第一高等女学校の生徒で組織された「ひめゆり学徒隊」の集団自決は、多くの悲劇の象徴的な事例として知られている。

沖縄戦は約3カ月に及び、激しい空襲と艦砲射撃は「鉄の暴風」とも表現された。沖縄県民の4人に1人が犠牲となり、日米双方で約20万人が死亡した。

広島・原爆

人類史上初の核兵器投下

8月6日、原爆投下により広島市上空に巨大なきのこ雲が生じた

きのこ雲、黒い雨、14万人の犠牲

1945年8月6日、西太平洋テニアン島の基地から出撃した米軍のB29爆撃機エノラ・ゲイは、午前8時15分に広島市上空からウラニウム爆弾「リトルボーイ」を投下した。

原爆は市中心部上空で爆発し、巨大なきのこ雲が出現。約35万人が住んでいた市内の大半は一瞬にして火の海と化した。

この日、広島では午前7時すぎに米観測機が現れたため警戒警報が出たが、間もなく解除していた。

爆発で熱線と爆風が四方に拡散した。その後、放射能を含んだ「黒い雨」が降り注いだ。現在も正確な死者数は把握できていないが、広島市が76年に国連に提出した報告によると、45年末までの死者は14万人プラスマイナス1万人。

米国は42年に原爆開発プロジェクトを「マンハッタン計画」とし、45年7月に実験は成功した。

ポツダム宣言に対して首相の鈴木貫太郎が「黙殺」と発言したことと、ソ連参戦の動きが原爆使用の引き金となった。

爆心地に焼け残った広島県産業奨励館は、のちに「原爆ドーム」として原水爆禁止運動のシンボルになった。

↑呉から見た原子雲（きのこ雲）（尾木正己氏撮影・広島平和記念資料館提供）

ヒロシマの記録
被災の事実を次代に伝える

占領期はGHQが検閲

広島に落とされた原爆の記録写真が広島平和記念資料館と中国新聞社の手でデータベース化された。そのうち3枚をここに紹介する。

爆心地から南東に約18㌔離れた呉で、原爆のさく裂から約40分後に写されたきのこ雲。前ページの米軍機からの写真とは異なり、何が起こったのかわからない時点での撮影だ。

午前11時ごろに御幸橋で撮影された1枚では、やけどを負った被災者が応急処置に油を塗られている。陸軍の食糧補給施設から運ばれた食用油や広島電鉄の変圧器用の油だ。

「報道カメラマンの使命とはいえ、シャッターを切るにはためらいがあった。逃げてきた人たちを後ろから1枚、2枚と撮り、顔をアップでと回り込むと、あまりにもむごくて…もう撮れなかった」

涙でファインダーが曇ったと撮影した中国新聞社の松重美人カメラマンは戦後、語っている。

8月7日もくすぶり続ける爆心地付近は廃虚と化している。戦時中は原子爆弾という名称を口に出すことも禁じられていた。占領期には連合国軍総司令部（GHQ）の検閲があり、原爆に関する写真の発表はままならなかった。

↑8月6日午前11時ごろ、応急手当で油を塗ってもらう被災者＝広島・御幸橋（松重美人氏撮影・中国新聞社所蔵）

←8月7日の広島市中心部。中央奥が県産業奨励館（原爆ドーム）（岸田貢宜氏撮影・岸田哲平氏提供）

長崎・原爆

広島の3日後、悲劇再び

↑原爆で破壊された長崎の浦上天主堂＝9月

7万人が犠牲

広島への原爆投下から3日後の1945年8月9日午前11時2分、米軍のB29爆撃機ボックス・カーが、長崎市上空からプルトニウム爆弾「ファットマン」を投下。プルトニウム爆弾は、広島に投下されたウラニウム爆弾よりも大きな破壊力を持っていた。

原爆は市内北部の浦上地区の上空500メートルで爆発。強烈な熱線や爆風で建物の4割が全半焼か全半壊し、爆心地から1キロ以内の人のほとんどが即死した。長崎市が76年に国連に提出した報告によると、45年末までの死者数は7万人プラスマイナス1万人。8キロ以内でも多数の負傷者が出た。

広島は原爆によって市の中心部が壊滅し、市民生活は壊滅的に損なわれた。しかし長崎では爆心地が市の北部だったため、行政機能はかろうじて全滅を逃れた。丘陵の多い地形も爆風の拡散を防いだ。

この日の原爆投下の第1目標は、兵器工場のあった福岡県小倉市（現北九州市）だったが、小倉上空の視界が悪かったため、第2目標だった長崎に変更された。

浦上天主堂などキリスト教施設、外国の宗教関係者も被害に遭った。

↑8月9日、長崎市上空で投下された原爆によるきのこ雲

玉音放送
天皇の声で無条件降伏告げる

↑8月15日、ラジオの前に正座し、昭和天皇の声に耳を傾ける一家

ラジオの前で泣き崩れる人々

1945年8月15日正午、昭和天皇はラジオを通じて国民に日本の無条件降伏を宣言した。真夏の太陽の下「朕《ちん》深ク世界ノ大勢ト帝国ノ現状トニ鑑ミ…」と放送が流れ、国民は初めて天皇の声を聞いた。

9日深夜の御前会議は、降伏後の天皇の処遇をめぐって紛糾し、和平派と戦争継続派が拮抗《きっこう》したが、天皇はポツダム宣言の受諾に賛成、これが「聖断」となった。

14日の御前会議で正式決定し、鈴木貫太郎内閣は詔書案を閣議にかけて確定した。天皇は午後11時20分ごろから宮内省2階の政務室で詔書を朗読してレコード盤に録音したが、雑音が多い音声となった。

放送当日は、重大発表があることを知らされた国民の多くがラジオの前に集まった。

天皇の声は聞き取りにくく、言葉は難解だったが、「敗戦」と知ると、泣き崩れたり手を合わせたりする姿が各地で見られた。

玉音放送に続き、アナウンサーが戦争終結の経緯を説明した。その後、大本営は陸海軍の全部隊に対して即時戦闘停止を命じた。

↑8月15日、皇居の方向に頭を下げ、昭和天皇の玉音放送を聞く農民一家

日本占領の第一歩

マッカーサーの2千日、始まる

日本占領の第一歩を踏み出すマッカーサー。神奈川県厚木飛行場=8月30日(米陸軍通信隊／ACME)

「ストップ」の声にポーズ

日本降伏後に連合国軍最高司令官に任命された米陸軍元帥マッカーサーは1945年8月29日、専用機バターン号でフィリピン・マニラを飛び立ち、沖縄を経由して翌30日午後2時すぎ、神奈川県の厚木飛行場に到着した。

マッカーサーはその40年前、在日米大使館付武官の父の副官として初来日、アジア調査旅行を実施するなど、極東通でもあった。

当時の取材関係者の記録などによると、サングラスをかけ、コーンパイプをくわえて機内から姿を現したマッカーサーに、下で待ち構えた報道陣から「ストップ・ジェネラル」（止まってください）と声が掛かった。タラップを下りかけた足を止めたマッカーサーは、ポーズをとるようにゆっくりと周囲を見渡した。

この後、「東京までは長い道のりだった。長い困難な道だった。しかし、これで万事終わったようだ」と口にした。

この日から51年4月11日に更迭されるまで約5年7カ月、約2000日にわたりマッカーサーは占領の責任者として日本に君臨した。

降伏文書調印

第2次世界大戦が終結

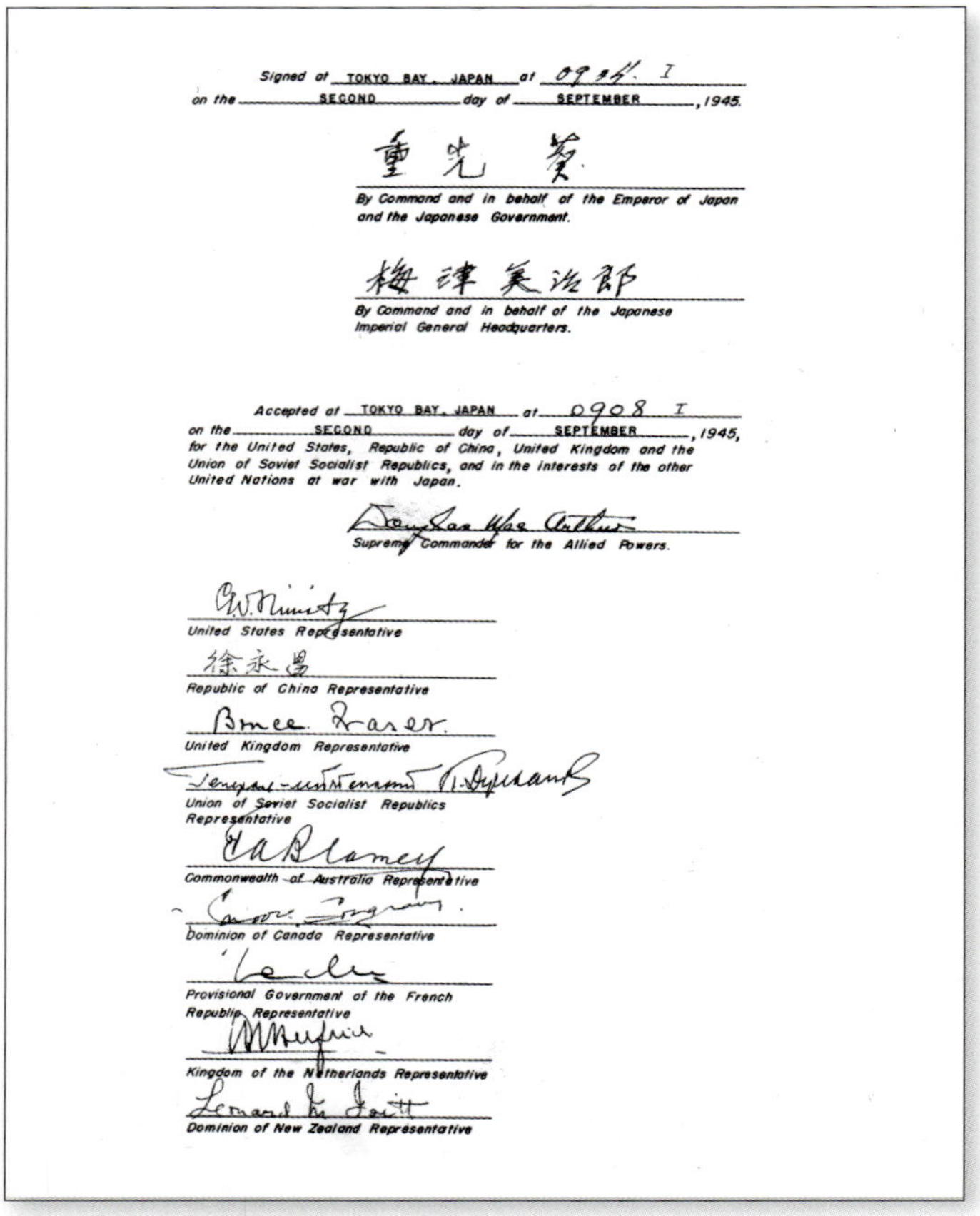
Signed at TOKYO BAY, JAPAN at 0904 I
on the SECOND day of SEPTEMBER, 1945.

重光葵
By Command and in behalf of the Emperor of Japan and the Japanese Government.

梅津美治郎
By Command and in behalf of the Japanese Imperial General Headquarters.

Accepted at TOKYO BAY, JAPAN at 0908 I
on the SECOND day of SEPTEMBER, 1945,
for the United States, Republic of China, United Kingdom and the Union of Soviet Socialist Republics, and in the interests of the other United Nations at war with Japan.

Douglas MacArthur
Supreme Commander for the Allied Powers.

C.W. Nimitz
United States Representative

徐永昌
Republic of China Representative

Bruce Fraser
United Kingdom Representative

Union of Soviet Socialist Republics Representative

Commonwealth of Australia Representative

Dominion of Canada Representative

Provisional Government of the French Republic Representative

Kingdom of the Netherlands Representative

Dominion of New Zealand Representative

↑日本降伏文書の署名欄。上から重光、梅津、マッカーサーと続く

東京湾上の米戦艦で

日本の降伏文書への調印は、1945年9月2日午前、東京湾上の米戦艦ミズーリで行われた。

日本からは政府代表の外相重光葵《まもる》と、軍代表の参謀総長梅津美治郎《よしじろう》らが出席。米国、英国、フランス、カナダ、ソ連、オランダ、オーストラリア、中国（中華民国）など連合国の代表が並んだ。

米国の代表マッカーサーの演説後、重光と梅津が対連合国降伏文書に署名し、連合国の各国代表が続いた。

降伏文書は8項目からなる。日本のポツダム宣言受諾の確認とともに、天皇を含む日本政府の国家統治権限が連合国軍最高司令官に従属することなどが明記され、日本の国家主権の行使が大きく制約されることとなった。

39年に始まった第2次世界大戦は、日本、ドイツ、イタリアを中心とする枢軸国と、米国、英国、フランスなどの連合国との間で6年にわたって続いたが、調印式によって終結した。

国際法上の戦争終結は、サンフランシスコ講和条約が発効した52年4月28日である。

↑米戦艦ミズーリでの降伏文書調印式に到着した日本代表団＝9月2日（米国防省）

←降伏文書に署名する日本政府全権代表重光葵。右は随員の加瀬俊一（ロイター）

↑米国大使館で行われた米軍の進駐式。中央はマッカーサー＝9月8日、東京・赤坂（米陸軍通信隊／ACME）

↑GHQ本部（東京・日比谷の第一生命館）に初めて入るマッカーサー（左）＝9月17日

マッカーサー東京入り
米大使館で進駐式

絶対的権限で日本占領

米戦艦ミズーリでの降伏文書調印式から6日後の1945年9月8日、マッカーサーは米軍の進駐式を行うため東京入りした。

当時の宿舎である横浜のホテルニューグランドを出発し、午前11時すぎ、米国大使館に到着した。「星条旗よ永遠なれ」が流れる中、41年12月8日の日米開戦以来、3年9カ月ぶりに、大使館に米国旗が掲げられた。

マッカーサーはこれ以後、大使館を宿舎とし、9月17日には連合国軍総司令部（GHQ）本部を皇居前の第一生命館内に設置。連合国軍最高司令官として、大使館とGHQ本部の執務室を往復する日々を送った。

日本の管理について米大統領トルーマンは、日本政府を通して行うという間接統治方式を指示したが、マッカーサーは必要があれば直接、実力行使を含む措置を取ることができた。

その権限は絶対的で、国民の間では「マッカーサー将軍の命により」という言葉がはやった。

在任中、GHQ本部に寄せられたマッカーサー宛ての投書や感謝状は50万通に及んだ。

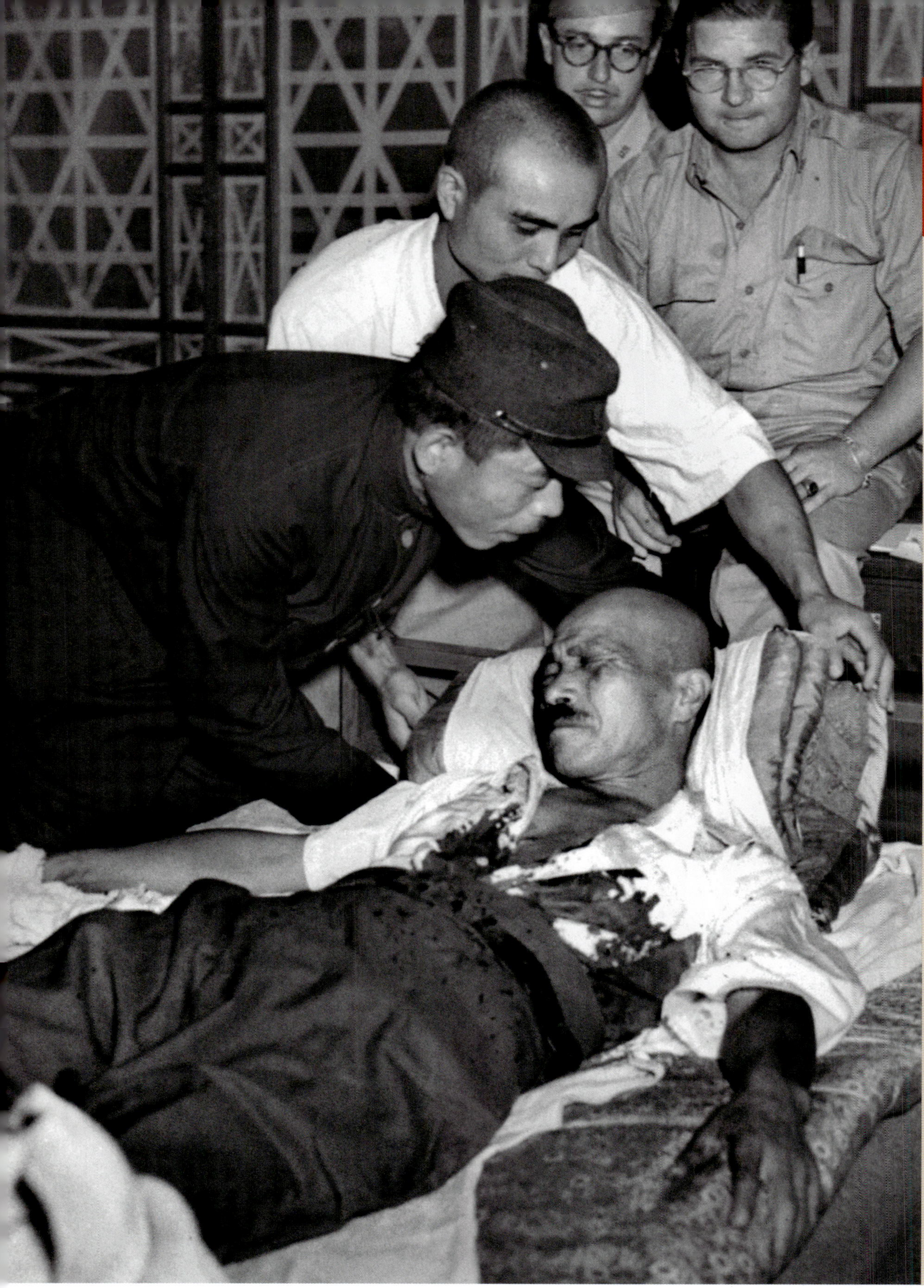

戦争責任の追及始まる
GHQが戦犯を次々逮捕

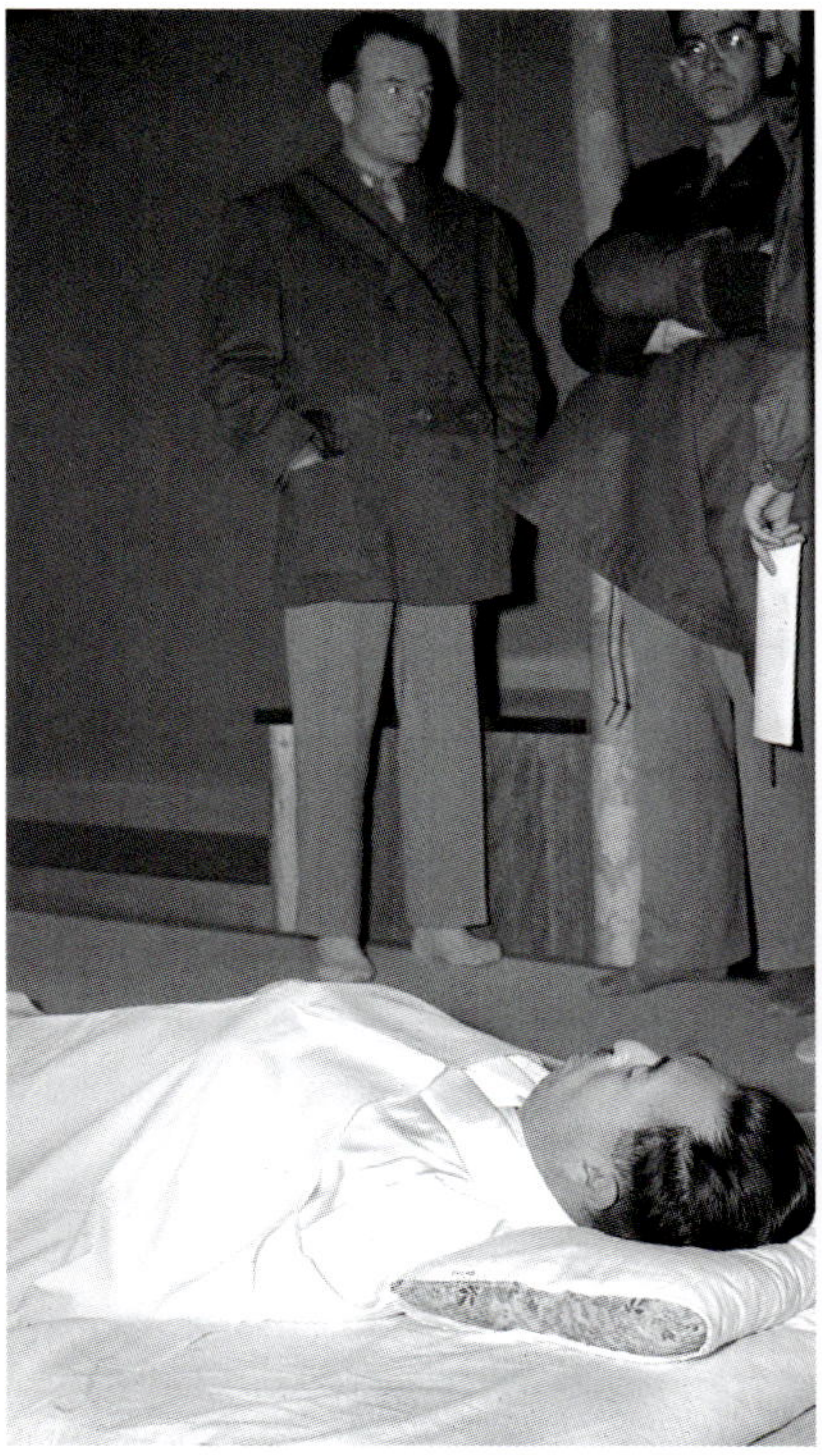

↑巣鴨拘置所への出頭日に東京・杉並の自宅で自殺した近衛文麿＝12月16日（ACME）

↑皇族で唯一首相となった東久邇宮稔彦が辞表を提出＝10月5日

「一億総ざんげ」発言も

GHQは日本進駐直後から戦争責任の追及を開始し、マッカーサーは1945年9月11日から対敵諜報《ちょうほう》部隊（CIC）に戦犯容疑者の逮捕を指示した。

CIC職員が元首相東条英機の身柄拘束に向かう一方、東条は東京・世田谷の自宅で、拳銃で胸を撃ち自殺を図ったが、一命を取り留めた。

9月13日には元厚相小泉親彦が割腹自殺。14日に元文相橋田邦彦が服毒自殺と、戦犯容疑者の自殺が続いた。

12月16日には、戦前は東条の前に首相に就き、戦後は国務大臣を務めた近衛文麿《このえふみまろ》が東京・杉並の自宅で青酸カリにより服毒自殺した。

この間にも、GHQは戦犯の逮捕を進めた。

終戦直後の8月17日に首相となった東久邇宮稔彦《ひがしくにのみやなるひこ》は、8月28日の記者会見で、「ことここに至ったのはもちろん政府の政策が良くなかったからでもあるが、また国民の道義のすたれたのもこの原因の一つである。…全国民総ざんげをすることが国内再建の第一歩」と発言。「一億総ざんげ」発言として論議を呼んだ。

→自宅で自殺を図った東条英機。一命は取り留めた＝9月11日（AP）

1945年

昭和20年

天皇、マッカーサーを訪問

敗戦国の元首と占領者

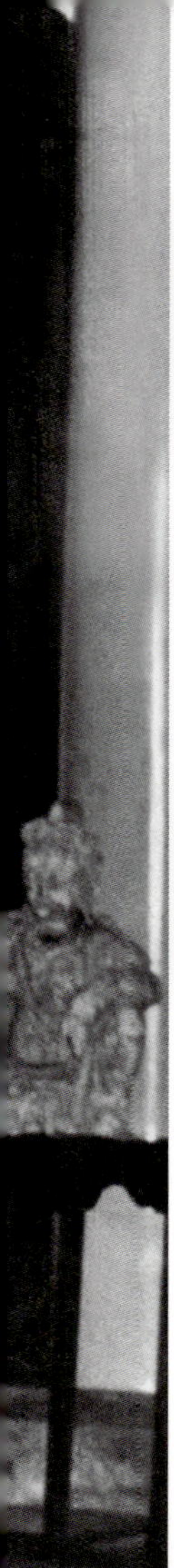

↑マッカーサーを訪問した昭和天皇の車
←昭和天皇が東京・赤坂の米国大使館にマッカーサーを訪問＝9月27日（米陸軍通信隊）

衝撃を与えた記念写真

昭和天皇は、1945年9月27日、米国大使館にマッカーサーを訪問、敗戦国の元首と占領責任者としての初会談が約35分間行われた。

2人が並んだ写真が撮影されたが、モーニングを着て直立不動の天皇の隣で、マッカーサーが腰に手を当てたポーズの写真は国民に衝撃を与えた。

日本政府は当初、写真を掲載した新聞を発売禁止とした。しかし、GHQがその撤回を指示して世に出た。当時、会談の内容は一切発表されなかった。

マッカーサーが後に出版した回顧録の中に「私は、天皇が戦争責任を逃れるための命乞いに来たと思った。しかし、天皇が全責任を負う者として連合国に裁決を委ねると語ったことに感動した」という内容の記述がある。

連合国側には天皇の戦争責任追及や天皇制廃止の声もあったが、戦後も日本人の天皇敬愛の念は強く、マッカーサーは象徴天皇のもとに民主化を進める道を選択した。

天皇とマッカーサーは以後も会談を重ねた。

日本本土へ、進駐始まる

富士山頂の米国旗

米軍主体の占領

戦後、日本本土占領を担当した連合国軍である進駐軍の主体は米軍だった。

進駐軍は「日本本土進駐計画（ブラックリスト作戦）」に基づき、1945年8月28日には先遣部隊が神奈川・厚木飛行場に到着した。以後、北海道と本州の大半、九州に米軍を駐屯させ、中国、四国地方には英軍を置いた。

当初は日本で抵抗戦が起こることも想定していたが、大きなトラブルが発生することはなかった。

10月末までには日本全土

に進駐軍が駐屯し、進駐軍用の特別専用列車や放送局（WVTR）も設けられた。

この時期、米軍の将兵が富士山に登り、山頂に米国旗を立て、日本国民に占領の事実を示した。

米国は早くも42年ごろから対日占領政策の検討を始めていた。当初は直接統治の形が検討されたが、日本政府を通じた間接統治に方針を転換した。大戦末期には、米国、英国、ソ連、中国が日本を4分割して統治する構想もあった。

進駐軍兵士の数は45年には約四十数万人、48年になると約10万人にまで減少した。

富士山頂に立てられた米国旗

アウシュビッツ解放

ユダヤ人大量殺戮の強制収容所

↑アウシュビッツ強制収容所で見つかった膨大な眼鏡の山（ロイター）

ナチスの戦争犯罪 白日の下に

1945年1月27日、ポーランド南西部を占領したソ連軍がナチス・ドイツのアウシュビッツ強制収容所を解放した。

同収容所は人種差別政策の一環として40年5月に建設が始まり、全欧州からユダヤ人をはじめ、犯罪者や政治犯、少数民族、捕虜などを収容した。

劣悪な環境で満足に食料も与えられずに労働を強制され、感染症や栄養不足などで体力が落ちて働けなくなると、所内に設置されたガス室で処刑された。

ドイツ軍の戦況が悪化すると、収容所の存在を隠すため、6万人近くの収容者がドイツ本国に移送された。解放時生存していたのは約7000人。多くは極端に衰弱していた。

所内にはガス室や火葬場のほか、大量の靴や義歯、眼鏡、頭髪などが残されていた。

犠牲者の数は、ナチス・ドイツの戦争犯罪を裁いたニュルンベルク裁判では400万人以上と認定され、現在は約150万人に上るとされる。

↑ソ連軍によって解放されたアウシュビッツ強制収容所の生存者＝1月27日（ロイター）

エルベの誓い
米ソ両軍の合流で大戦終結へ

↑東西からドイツを侵攻した米（左）、ソ（右）両軍がエルベ川で握手＝4月25日（ロイター）

ナチス・ドイツは無条件降伏

第2次大戦末期の1945年4月25日、ドイツ東部を流れるエルベ川ほとりのトルガウ付近の壊れた橋の上で、米軍の偵察隊とソ連の先遣隊が合流した。

東西からドイツを侵攻していた両軍の合流は連合国軍の勝利を決定づけた。両軍の将校は握手を交わし、兵士たちは肩をたたき合って喜んだ。

欧州戦線では圧倒的な戦力を持つ連合国軍が優勢に戦いを進めたが、ドイツ軍は各地で抵抗を続け、激しい攻防が繰り広げられた。

早期の戦争終結を目指す連合国軍はドイツの首都ベルリンを制圧するため、東側からはソ連軍が、西側からは米軍が挟み撃ちする形で侵攻を続けていた。

米ソ両国が合流を果たしたことで、ドイツ軍の戦力は南北に分断。ドイツの敗北は決定的となった。

30日には独裁者のヒトラーが自殺。5月9日午前0時すぎ、ベルリン郊外のカルルスホルストで、ドイツ軍の元帥カイテルが連合国に対する無条件降伏文書に署名し、5年8カ月に及んだ欧州での戦いは終結した。

←エルベ川での歴史的な出会いの後、肩を組んで歩く米ソ両軍兵士＝4月（ロイター）

↑演説するムソリーニ

ヒトラーとムソリーニ
欧州を血に染めた2人の独裁者

処刑と自決、姿消す

第2次世界大戦で枢軸国を形成し、欧州を血に染めた2人の独裁者がドイツのヒトラーとイタリアのムソリーニだ。

ヒトラーはナチス・ドイツの総統として東欧諸国を次々と侵略。1941年6月、ソ連に侵攻し、民間人を含め多くの犠牲者を出した。

ドイツ国内では、ワイマール憲法を事実上停止させて全権掌握、秘密警察で国民を統制し、ユダヤ人を大量処刑するなど恐怖政治を進めた。

ムソリーニはイタリア議会の第1党・ファシスト党党首としてクーデターを起こし、22年10月に政権を奪取。言論統制や労働組合の解散など、強引な手法で独裁体制をつくり上げた。

40年には国際社会での発言力を強めるべく、ドイツ・日本と日独伊三国同盟を締結。6月10日に英国、フランスに対して宣戦した。しかし、連合国の前に連戦連敗を続け43年7月、首相の座を追われた。

45年4月に反ファシズム抵抗勢力のパルチザンに逮捕され、28日に処刑された。

ドイツも連合国の勢いの前に徐々に後退を余儀なくされ、ヒトラーは30日、総統官邸の地下壕で自殺した。

↑演説するヒトラー

↑ローマを訪れムソリーニ（右）に歓迎を受けるヒトラー＝1938年5月3日

ポツダム会談

連合国首脳による最後通告

原爆投下とソ連参戦への道筋

1945年7月17日、ドイツ・ベルリン郊外のポツダムで英国の首相チャーチル、米国の大統領トルーマン、ソ連の首相スターリンら連合国首脳が会談を開いた。

敗戦国ドイツへの賠償要求や占領、ポーランドとドイツの国境問題など欧州の戦後処理のほか、対日方針などが話し合われた。

会談中の24日、英国の総選挙でチャーチルの保守党が敗れ、英代表は労働党のアトリーに代わった。

26日には米・英・中国（中華民国）の3カ国で日本に無

ポツダムで会談する（左から）チャーチル、トルーマン、スターリンの英米ソ首脳。日本に無条件降伏を迫った＝7月（EP）

条件降伏を促すポツダム宣言が発表された。

連合国軍の駐留をはじめ、軍国主義の追放や軍隊の武装解除と復員、戦争犯罪人の処罰、言論・思想・宗教の自由と基本的人権の尊重、領土の制限などが盛り込まれた。

宣言に記された内容を受けなければ「迅速かつ完全なる壊滅あるのみ」とする厳しい内容だったが、2日後の28日の首相記者会見で、鈴木貫太郎はノーコメントの意味で「黙殺する」と発言した。

その後、8月6日に広島、9日に長崎と、相次いで原子爆弾が投下された。

8日にはソ連が日本への宣戦を布告するなど、戦況の悪化は決定的となった。

14日、日本は御前会議を開き、ポツダム宣言を正式に受諾。翌15日には玉音放送により終戦が国民に知らされた。

引き揚げ、始まる
敗戦後、祖国を目指す660万人

困難極める帰還とその後の生活

敗戦時、海外にいた数多くの日本人が帰国を目指す「引き揚げ」が終戦直後から始まった。

対象者は、第２次大戦時に、中国や台湾、朝鮮半島、東南アジアなどで戦闘に従事した元軍人の「復員兵」と、旧満州（中国東北部）などへ移り住んだ「一般人」に分類される。軍関連の仕事に就いていた元軍属も合わせ、約６６０万人に上った。

当初、内務省などが引き揚げを担当したが、ＧＨＱが厚生省に専門機関設置を指令し、１９４５年11月に地方引揚援護局を設置。米軍からの船舶貸与もあった。

海外では大勢の人間が一斉に移動することが困難で、元軍人が優遇され、一般人が後回しになることもあった。

46年までの引き揚げ者は約５１０万人。帰国しても深刻なインフレと食料難で苦しい生活を強いられた。

一時収容施設に入居しても、新しい引き揚げ者があるたびに出なければならない状況だった。

以後も引き揚げは続いたが、旧満州からの引き揚げはソ連軍の侵攻や中国内戦のため困難を極めた。

↑陸海軍の復員兵、引き揚げ邦人ら300余人を乗せた船＝10月20日、神奈川・浦賀港

↑陸海軍の復員兵らとともにトラック島から帰国した邦人女性ら＝10月20日、神奈川・浦賀港

進駐軍がやって来た
街も社会も一変させる

民主化のための5大改革

1945年9月8日、東京に入った進駐軍は、第一生命館をはじめ都内の主要な建物を接収。道路や駅名、公共施設の看板をローマ字で表示する指令を出した。

全国には米軍を主体とする進駐軍が駐屯し、占領軍兵士が街を行き来した。

陽気な外国人兵士に触れた日本国民の多くは、米国と民主主義に親しみを覚え、生活難の中で英会話を習う人たちも出てきた。

東久邇宮稔彦内閣の後を受けて10月9日に成立した幣《しで》原《はら》喜《き》重郎《じゅうろう》内閣は、GHQの命令を受けて5大改革指令を出した。

女性に参政権を与えるなどの「婦人の解放」、労働者を支援する「労働組合の結成奨励」、教育の制度や内容を改める「教育の自由主義化」、秘密の検察を廃止する「秘密審問司法制度の撤廃」、財閥解体などの「経済機構の民主化」だ。

5大改革の目的は、日本から軍国主義・封建主義を一掃し、民主化・自由化を進めることだった。

日本の非軍事化に向けて、軍国主義の象徴とみられた靖国神社も、GHQの監視下に置かれた。

←進駐軍関係の作業員募集の張り紙を見る人＝11月

↑東京・九段の靖国神社を訪れた進駐軍兵士の一団=9月

→道路や駅名表示、公共施設の看板にローマ字表示の指令が出される=9月

1945 in Review

1/19
第２次大戦末期、軍需資材調達のため貴金属類の供出運動が盛んだった。大日本体育協会（現日本体育協会）が各団体に働き掛け、銀製の優勝杯120点を集め、政府に献納した。

1/17
B29が伊勢神宮の豊受大神宮を爆撃、斎館2棟、神楽殿5棟が崩壊した。これに対し「神域への空襲に断固報復を」と全国に呼びかけ、開かれた「断固報復1億総憤激大会」。

1 January

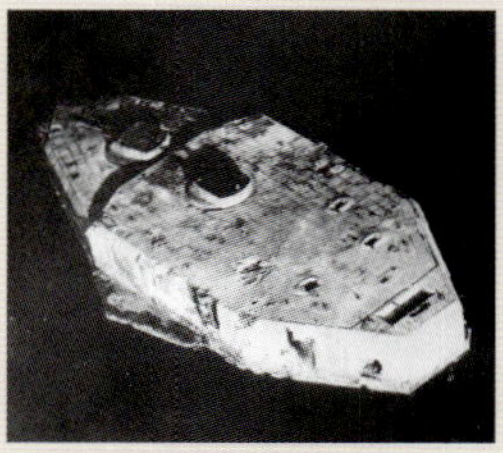

2/16
フィリピン・マニラ湾の出入り口に建設され、コンクリート戦艦と呼ばれたフォート・ドラム。米軍の集中砲撃で廃墟と化している。（米海軍公式写真）

2/4-11
ソ連の対日参戦が決まったヤルタ会談。前列左から英首相チャーチル、米大統領ルーズベルト、ソ連首相スターリン。

2 February

3/11
第２次大戦末期、空襲で焦土と化した東京都内の空き地で畑を耕す女性。食料難は深刻で、主食としての芋や貴重な野菜を自作した。前日にはB29米爆撃機による大規模な「東京大空襲」で下町一帯が火の海となった。

「アンネの日記」で知られるアンネ・フランクはオランダに亡命していたが、1944年8月、ナチスにより逮捕、ベルゲン・ベルゼン強制収容所で病死。（ロイター）

3 March

4/23
焦土に雄々しく立ち上がり開業した理髪店。

4/7
米軍機からの攻撃を受ける戦艦大和。当時の最先端といえる注排水システムを備えていたが、魚雷と爆弾の攻撃により沈没した。

4 April

戦況が悪化する中、空襲で学校が焼けるなどした子どもたちを集めて寺子屋式の授業が行われることとなり、その開所式が東京・赤坂の氷川神社境内で行われた。

5/6
空襲により焼け野原となった東京・日本橋の被災地で、食料増産のためカボチャの種まきをする動員学徒。右後方のビルは髙島屋日本橋店。

5 May

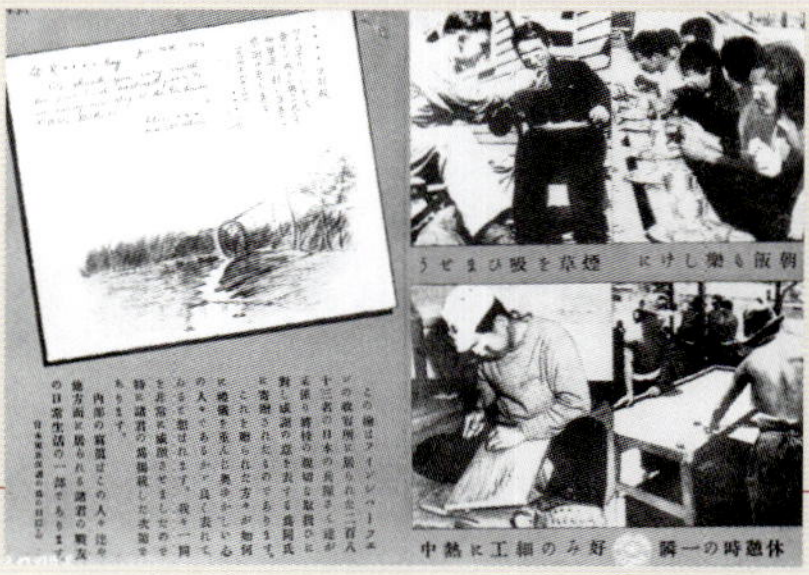

日本軍兵士に投降を呼び掛けるため、米陸軍の心理戦部門が作成したパンフレット。捕虜となった日本人が楽しく生活している様子が描かれている。「紙の爆弾」と呼ばれた。（ACME）

6/9
議会開院式を前に記念撮影する鈴木貫太郎内閣の閣僚。4月7日に誕生、8月15日の終戦をもって総辞職する。

6 June

沖縄本島で、日本語の会話教本を手に、捕虜の日本軍兵士と話す米陸軍の軍医。

7/16
国が戦費調達のために発売した宝くじ「勝札」。だが抽選前に敗戦となったため「負け札」とも呼ばれた。

7
July

横浜の捕虜収容所で、自国の旗を掲げて解放を喜ぶ、米国、英国、オランダ各軍の将兵。(ACME)

8/9
ソ連が8日に対日参戦。ソ連沿海地方のグロデコボ付近から旧満州に侵攻するソ連軍部隊。(タス)

8
August

東京の路上で、将校から動員解除命令を聞かされる日本軍の復員兵士たち。

9
September

10/10
GHQの政治犯釈放命令により、同志らに迎えられて府中刑務所を出る日本共産党幹部たち(中央白服)。左から徳田球一、黒木重徳、志賀義雄。

10/15
同盟通信社の解散が決まり、本社で職員にあいさつする社長古野伊之助。これに伴い、11月1日、共同通信社・時事通信社が発足した。

10
October

11/2
東京の日比谷公会堂で行われた日本社会党結党大会。挨拶する鈴木茂三郎。

11
November

11/24
原爆製造施設だとして、廃棄のため解体される東京の理化学研究所のサイクロトロン。(ACME)

12/5
8月20日より軽井沢に滞在していた貞明皇后がこの日帰京した。東京・原宿。

12
December

1945 Column

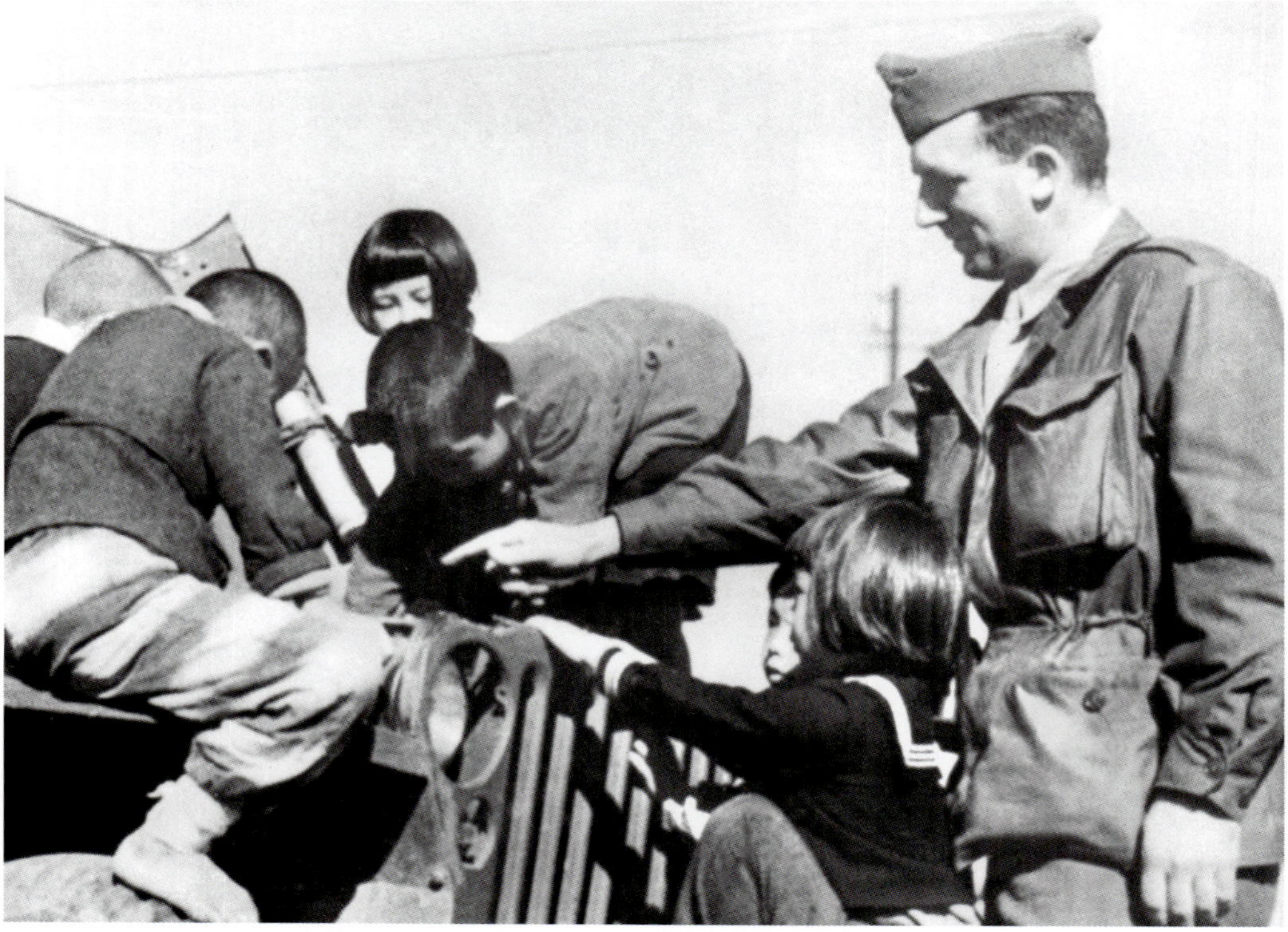

進駐軍兵士と無心に遊ぶ子どもたち＝12月

ギブ・ミー・チョコレート

戦後、間もなく、日本各地に進駐軍が到着し、軍服姿の米兵が街にあふれた。

彼らはおおむね友好的な態度で、当時の日本では手に入らない物を持っていた。タバコのラッキーストライク、チョコレート、チューインガム……。

戦時中から続く物資不足でやせ細った日本人、特に子どもたちには、それらがまぶしく映った。

子どもたちは米兵が乗る車の音が聞こえると、一斉に走りだして叫んだ。

「ギブ・ミー・チョコレート！」

各地の街角では、無心に兵士たちに群がり、チョコレートやガムをもらう子どもたちの姿がよく見られた。

敗戦国の子どもには、夢のようなお菓子だった。

1946

昭和21年

天皇巡幸

復興を励ます全国行脚

←横浜市稲荷台の戦災者用の共同宿舎を視察する昭和天皇＝2月19日

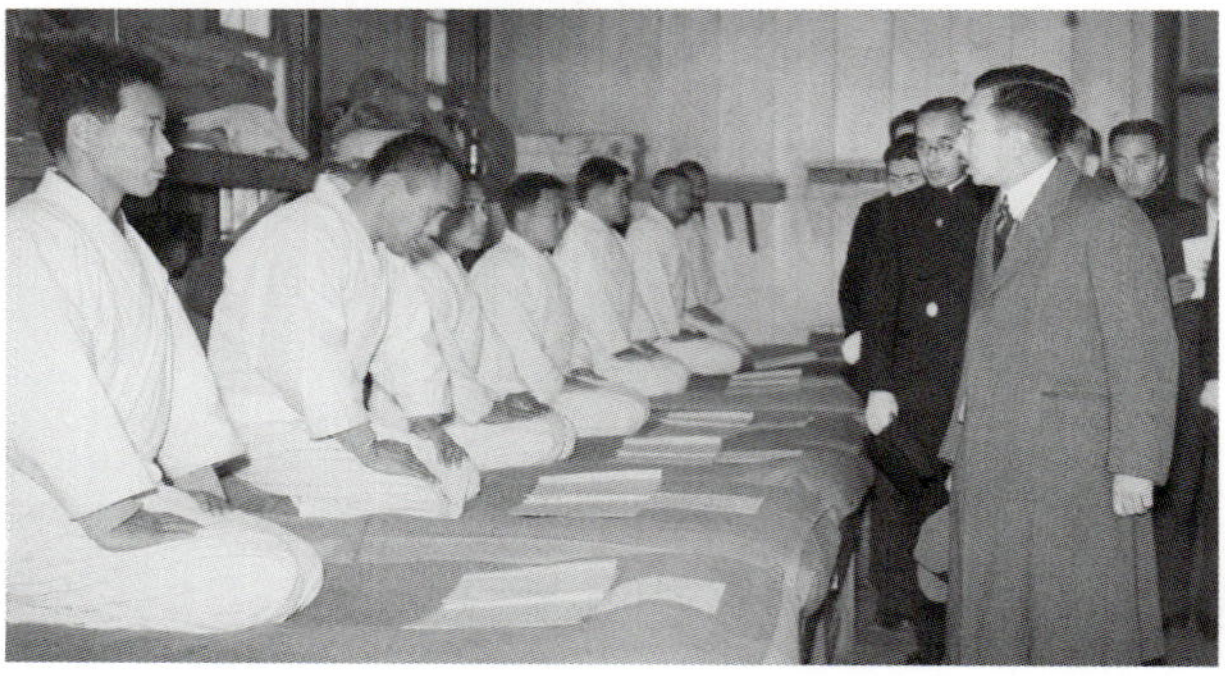

←群馬の国立高崎病院に傷病者を見舞う昭和天皇＝3月25日

「あっ、そう」が流行語に

昭和天皇が日本各地を訪れて敗戦に打ちひしがれた国民を慰問し、復興への努力を励ます巡幸は１９４６年2月に始まった。

天皇が外出することを「行幸」、目的地が複数ある外出を「巡幸」という。

最初の巡幸は、2月19日から20日に川崎市と横浜市で行われた。次に東京都、群馬県、埼玉県、千葉県など関東各地を回った。

巡幸に先立つ1月1日、天皇は新聞紙上で、いわゆる「人間宣言」を発表。訪問先で天皇は直接国民と接し、沿道を埋めた人々との会話で使った「あっ、そう」は流行語になった。

天皇巡幸は、東京裁判の最終局面の48年に中断し、52、53年にも中断したが、足かけ9年、全行程3万３０００㌔、訪問先は沖縄を除く46都道府県に及んだ。

50年ごろからは国民体育大会（国体）や、国土緑化大会（後の全国植樹祭）を訪問するかたちが主流となり、54年、第9回国体が開かれた北海道への巡幸が最後となった。

87年、沖縄国体訪問が計画されたが、病気のため見送られ、沖縄巡幸は実現しなかった。

↑横浜市稲荷台の共同宿舎内に入り、戦災者を見舞う昭和天皇＝2月19日

東京裁判始まる

A級戦犯を裁いた軍事裁判

被告は28人の戦争指導者

ポツダム宣言に基づき、連合国が第2次世界大戦での日本の戦争指導者を裁く極東国際軍事裁判、いわゆる東京裁判が1946年5月3日、東京・市谷の旧陸軍省大講堂を法廷として開廷した。

被告は、元首相東条英機らA級戦犯28人。

裁判長はオーストラリアのウィリアム・ウェッブ、首席検察官は米国の法律顧問キーナン、降伏文書に調印した米、英、中、ソなど9カ国にインド、フィリピンを加えた11カ国から1人ずつの判事が任命された。

東京裁判開廷の日、入廷する裁判長らを迎え起立する28名の被告たち＝5月3日

各被告に対してそれぞれ1人ずつの主任弁護人がついた。

45年11月に始まった、ドイツの戦争責任と戦争犯罪を追及するニュルンベルク裁判は、米、英、ソ、仏4カ国の合意で裁判官や検察官が任命された。しかし、東京裁判では起訴の権限を持つ首席検察官は、マッカーサーが指名する1人しか認められないなど、米国主導で進んだ。

写真は、最後列右から板垣征四郎、鈴木貞一、白鳥敏夫、嶋田繁太郎、佐藤賢了、重光葵、松岡洋右、東郷茂徳、平沼騏一郎、大川周明（平沼の右奥）、松井石根、大島浩、永野修身、小磯国昭、橋本欣五郎、その前列右から木村兵太郎、木戸幸一、賀屋興宣、星野直樹、武藤章、荒木貞夫、梅津美治郎、岡敬純、東条英機、南次郎、広田弘毅、畑俊六、土肥原賢二の各被告。

巣鴨プリズン
裁判終了までの2年を過ごす

↑巣鴨プリズンに入る元内相木戸幸一＝1945年12月11日

「平和に対する罪」を追求

東京裁判で起訴された28人の被告は、A級戦犯だった。

A級戦犯とは、第2次大戦の戦勝国である連合国が定めた戦争犯罪の種類の一つで、侵略戦争の計画、準備、開始、遂行などを「平和に対する罪」として追及した。

この罪が国際法上で認められたのは、ドイツの戦犯を裁くための法理と裁判制度を決めた、1945年8月8日のロンドン協定である。

ニュルンベルク裁判はロンドン協定の定めに基づき行われ、A級戦犯が裁かれた。

東条英機ら日本のA級戦犯の身柄は東京都豊島区の東京拘置所、通称「巣鴨プリズン」に収容された。東条らは東京裁判が終了するまでここで過ごした。

B級戦犯には、交戦規則逸脱などの「通例の戦争犯罪」、C級戦犯には虐待・奴隷化などの「人道に対する罪」が適用される。

B級とC級の裁判は、横浜、フィリピン、シンガポール、中国、香港、ビルマなど、国内外各地の軍事法廷で実施。5000人を超える日本人戦犯が裁かれ、900人以上が死刑判決を受けたとされる。

↑大森収容所で他の収容者と離れて朝食をとる東条英機。後に巣鴨プリズンに移された＝45年10月31日（ACME）
←仮釈放処置で巣鴨プリズンを仮出所する戦犯たち＝50年5月

↑本会議を終え、国会議事堂を退出する女性議員＝5月
→戦後初の女性参政権を認めた衆議院選挙で演説する加藤シヅエ候補＝4月

女性が政治に参加
初の女性議員に39人

戦前からの運動実る

１９４６年4月10日に行われた戦後初の衆議院議員総選挙では、初めて女性が選挙権、被選挙権を行使した。

投票率は男性78・5％に対し、女性66・9％だった。女性は立候補者のうち半数近い39人が当選した。

戦前から産児制限や女性参政権などの運動に力を注いできた女性解放運動家の加藤シヅエもその1人だった。加藤はその後衆院2期、参院4期を務め、77歳で政界引退後も女性の地位向上や社会改革に貢献し、２００１年に１０４歳で死去した。

女性の参政権は19世紀末の英領ニュージーランドで導入され、20世紀半ばにはほとんどの先進国で確立した。

日本でも明治末期から女性の政治参加を求める運動が繰り広げられ、31年には参政権を条件付きで認める法案が衆議院を通過したが、当時の貴族院の反対で廃案に追い込まれた。以後、終戦まで選挙権は25歳以上の男子に限られていた。

しかし、ＧＨＱは戦後日本の改革の柱の一つに「参政権付与による婦人の解放」を掲げた。これを受けて幣原喜重郎内閣は45年12月、衆議院議員選挙法の改正を公布。

満20歳以上の男女に選挙権が与えられ、有権者は戦前の3倍近くに増えた。

変わる教育

軍国主義教育からの脱皮

↑都道府県の形をした新案かるたで地理の勉強をする子どもたち＝11月
←戦後最初の日本の歴史教科書「くにのあゆみ」が作成された＝10月
↙「らくかさん」「軍かん」など軍国主義的な内容が墨で塗りつぶされた教科書
（伊那市創造館所蔵、信濃毎日新聞社提供）

「墨塗り」から新教科書へ

GHQは1945年10月から12月にかけて教育に対する4大指令を出した。

一つ目は、10月22日に出された「日本教育制度に対する管理政策」で、軍国主義・超国家主義的教育の禁止を命じた。これに先立ち、文部省は戦前の教科書の国家主義的な部分を墨塗りする方針をとっていた。

二つ目は、10月30日の軍国主義・超国家主義者の教育界からの追放。教員同士が戦時中の言動を検証する教職適格審査が始まった。

三つ目は、国家神道の廃止を命じた12月15日の神道指令。

四つ目は、12月31日に出された歴史教育の停止。神話に基づく戦前の歴史教育は軍国主義や国家主義を植えつけるものとして、教科書が廃棄処分にされた。

文部省は新しい歴史教科書の作成に取り組み、46年9月に、東京高等師範学校の家永三郎教授ら4人が小学生向けに執筆した「くにのあゆみ」を発行した。

日本の歴史の始まりに日本書紀や古事記の神話伝説は登場せず、科学的・民主的な記述への転換を図った歴史教科書だった。

くにのあゆみ
上
文部省

↑国会前で日本国憲法の公布を祝う学童たち＝11月3日

←憲法公布記念祝賀都民大会で群衆に応える昭和天皇と香淳皇后＝11月3日

憲法公布

新しい日本の「原点」

皇居前の祝賀集会に10万人

1946年11月3日、日本国憲法の公布を記念する祝賀都民大会が皇居前広場で開催された。臨席した昭和天皇と香淳皇后は、集まった約10万人の歓呼に応えた。

新憲法の成立までには紆余《うよ》曲折があった。マッカーサーは前年の45年10月、東久邇宮内閣の国務大臣・近衛文麿と会談し、大日本帝国憲法の改正を示唆。近衛は憲法学者の佐々木惣一らと検討に入った。

しかし、次の幣原内閣は新国務大臣の松本烝治を委員長とする憲法問題調査委員会（松本委員会）を設置。憲法改正要綱の作成に着手した。

一方、マッカーサーはGHQの民政局長ホイットニーに「天皇制の存続」「戦争と軍備の放棄」「封建制の廃止」の3原則を必須要件とする改正草案の起草を指示した。

46年2月、GHQは松本委員会から提出された改正要綱を拒否することを伝え、GHQ草案を原則とするよう申し入れた。

日本政府はGHQ草案に沿う憲法改正の作業を進め、3月に「憲法改正草案要綱」を発表。帝国憲法改正案として6月、第90回帝国議会に提出、修正成立した。

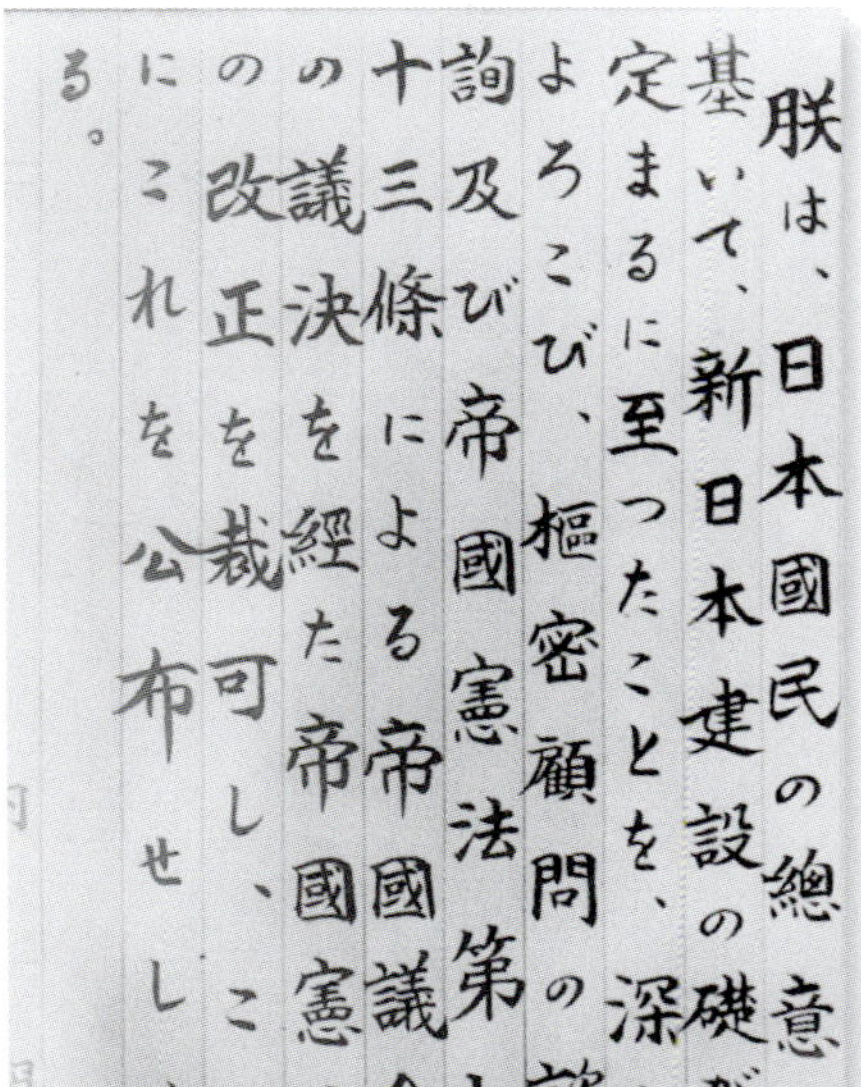

朕は、日本國民の總意に基いて、新日本建設の礎が、定まるに至つたことを、深くよろこび、樞密顧問の諮詢及び帝國憲法第七十三條による帝國議會の議決を經た帝國憲法の改正を裁可し、ここにこれを公布せしめる。

↑日本国憲法公布時の天皇の上諭文（天皇の裁可を示す文章）

たくましい子どもたち

されど元気に

青空教室で授業再開

↑東京・浅草橋で近隣に住む幼児、児童を集めて開かれた青空教室＝4月3日

学童たちの貴重な居場所

空襲で校舎を焼失した学校は、屋外の「青空教室」で授業を再開した。

空き地や校庭の木陰でむしろを敷いたり、焼け残った黒板、机、いすを集めたり。急ごしらえの教室で、先生の声に耳を傾ける子どもたちの姿が戦後数年間、各地で見られた。

雨が降ったら、授業は休み。焼け残った校舎や代わりの教室がない場合は自宅学習となった。それでも空襲の心配をせず、みんなで授業を受けられる子どもたちの顔は明るかった。

戦後、戦争で両親を失った戦災孤児たちが街にあふれ、家を失って防空壕跡やバラックで暮らす子どもたちもいた。

青空教室は、そんな子どもたちの居場所を確保し、非行に走ったり路上生活をしたりすることを防ぐためにも大きな役割を果たした。

1945年10月、学童疎開した子どもたちの帰京が始まり、引き揚げ者の子どもたちが外地から戻ってくると、東京などの都市部には児童の数が急増した。

こうした事態に対応するため、一部の学校では、午前と午後で学童を入れ替える「二部制」などを導入した。

↑青空教室で元気に授業を受ける児童たち=4月3日、東京・浅草橋

戦争は終わった
焼け跡を駆け回る子どもたち

何でも遊びの材料に

終戦から1年がたっても、日本各地には焼け野原が広がり、街には復員兵があふれた。人々は食料不足にあえぎ、戦争の傷跡は至るところに残っていた。

親を亡くしたり学校生活を奪われたり、子どもたちは戦争によって多くを失った。それでも、子どもたちは戦後の混乱した社会をたくましく生きた。

焼け野原や廃屋は、すぐに子どもたちの遊び場となった。高射砲陣地跡のような軍事施設も、彼らにとっては戦争ごっこの基地だった。焼け残った廃材はシーソーにして使うなど、身近なものは何でも遊び道具にした。

社会風俗も遊びの材料だった。このころはやった「闇市遊び」は闇市で闇物資を売り買いする大人たちのまね、「パンパン遊び」は進駐軍の兵士と「パンパン」と呼ばれる娼婦のまねをする「ごっこ遊び」だった。

広島、長崎の被爆地でも、やはり焼け跡を走り回る子どもたちの元気な姿は変わらなかった。それは復興に向けて歩みだす街の大きな希望だった。

←戦時中の高射砲陣地跡で遊ぶ子どもたち＝8月、東京・小石川後楽園

↑「闇市遊び」＝2月

↑広島・原爆ドーム近くの空き地を走る子ども＝8月

TŌKYŌ

街にあふれる「浮浪児」
何としてでも生きてやる

↑大人に交じって靴磨きをする少年＝8月

すみかは地下道や防空壕跡

戦争で両親を失って戦災孤児となったり、身を寄せた親類宅を家出したりして街をさまよう子どもたちが戦後急増し、「浮浪児」と呼ばれて社会問題となった。

彼らは駅構内や地下道、防空壕跡をたまり場とした。多くは靴磨きや新聞売り、鉄くず拾いなどをして、その日の糧を得ていた。

仲間と組んで、スリやかっぱらい、闇物資の売り買いなどに手を染める子どもたちも少なくなかった。

大人でさえ生きていくのが大変な時代、彼らなりに知恵を絞って、したたかに日々を生き抜こうとした。

しかし、餓死する者や凍死する者、腐ったものを食べて中毒死する者も相次いだ。さらに世間からは「汚い」「臭い」と嫌われ、差別された。

１９４８年２月の厚生省の調査によると、戦災などによる孤児は、全国で12万3千人を超えている。

46年、街から「浮浪児」をなくすようＧＨＱに指示された日本政府は、ほとんど強制的に一時保護所や施設に収容した。

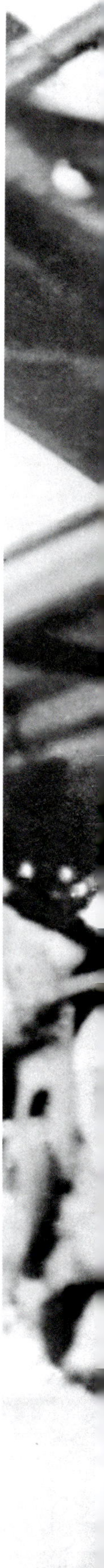

→駅周辺をたまり場にしていた「浮浪児」＝8月

庶民の戦後生活

「イヤダ！ 餓死は」皇居前の「米よこせ」デモ

←食料危機切り抜けの呼び掛けを宮中で録音する昭和天皇＝5月23日

25万人が天皇に直訴

終戦以降、国民は食料を求めて買い出しなどを行ったが、十分な食料を手にすることはできず、餓死者も出た。

1946年5月1日、戦後初のメーデーが開催。その勢いで19日には皇居前広場に25万人が集まり、深刻な食料不足を訴える「飯米獲得人民大会」が開かれた。

「食糧メーデー」とも呼ばれる大会のスローガンは、「配給米の即時配給」「隠匿食糧・米軍放出食糧の人民管理」「宮廷貴族特権階級・大資本家の台所の即時公開」など16項目に及んだ。

大会は上奏文を宮内省、首相官邸、警視庁に提出することを決議し、デモ行進へ移行した。

デモ隊の中には「朕《ちん》はタラフク食ってるぞ。ナンジ人民飢えて死ね」と昭和天皇を揶揄《やゆ》するプラカードもあった。

この言葉が不敬罪に当たるとして起訴されたが、最終的に免訴となった。

大会4日後の23日、天皇は「乏しきを分かち、苦しみを共にするの覚悟を新たにし…」と、国民への呼び掛けを宮中で録音。国民の訴えに応える天皇の声は、翌24日にラジオで放送された。

↑「米よこせ区民大会」で食料難を訴える人々＝5月12日、東京都世田谷区
←（右）「米よこせ」デモで皇居前に集まった、プラカードを持つ民衆＝5月19日
（左）学校給食の即時復活を求めるのぼりを立て、デモに参加した学童たち＝5月19日

町會不正反動幹部追放
民主人民戰線の強化

即時復活

戰災者に職(食)を与へ
世田谷区民
食糧管理
委員會
戰線の強化

物不足を支えた闇物資

買い出し、闇市、タケノコ生活

↑闇市で、食料を求める人々＝3月

物々交換で食料を確保

深刻な食料不足が続く中、都会に住む人々は食べ物を入手するため、農村に買い出しに出かけた。

買い出しといっても、実態は物々交換だった。人々はリュックサックに着物や帯などを詰め込んで、すし詰めの列車に乗り、農家を訪ねては米や芋、野菜などと交換した。

身の回りの家財や衣類をタケノコの皮を1枚ずつはぐようにして食いつないでいく暮らしは「タケノコ生活」と呼ばれた。

当時、食料などの生活必需品は配給制だったため、買い出しで手に入れた食料は闇物資と見なされ、警察に押収されることも少なくなかった。

主要都市の駅前は闇市でにぎわった。圧倒的な物不足の中、復員兵や引き揚げ者、外国人らが不法占拠した空き地に露店やバラック建ての店を開き、中古の日用品や、買い出しで入手した食料品を売った。旧軍需物資や進駐軍の横流し品なども運び込まれた。

価格はいずれも法外に高かった。しかし、人々の生活に必要な自由市場として警察は事実上、闇市を黙認していた。

↑満員の買い出し列車の先端に陣取った人たち＝8月

空前の食料難

国会議事堂前で芋を作る

←食料難を切り抜けるため、国会議事堂前に芋が植え付けられた＝6月

→上野動物園で抽選による子豚の売り出しが行われた＝10月

飢えをしのぐために工夫

1945年は冷夏と風水害が重なり、記録的な大凶作の年となった。敗戦により朝鮮や台湾などかつての植民地からの食料輸入も途絶えた。

このため、翌46年には日本は未曽有の食料難に見舞われた。戦時中から主食の配給は続いていたが、遅配や欠配が多くなり、米ではなく芋や大豆、麦粉となって量も減った。

政府による旧軍需物資の安価配給（隠匿物資放出）や、米国のアジア救済公認団体（LARA《ララ》）からの救援物資配布といった対策が取られたが、食料危機の打開には至らなかった。

国民は飢えをしのぐために知恵を絞った。

全国各地で焼け跡を整地して畑にし、芋や麦、カボチャなどを作って自給自足に努めた。東京では国会議事堂前や日本橋周辺にも畑を作り、野菜類を栽培した。

家庭での食料増産のため、上野動物園では、子豚などを抽選で販売する試みもあった。

野草も貴重な食材で、食用野草の説明書が出回り、通常は捨てるサツマイモのツルや茎も雑炊やすいとんにして食べ、空腹を癒やした。

↑食用草を示したポスター＝4月

どこもかしこもスト

労働改革で闘いに火

企業組合から全国組織に

ＧＨＱは戦後改革の柱の一つに労働改革を打ち出し、労働者を搾取と酷使から守るため労働組合結成と労働運動を奨励した。

１９４５年10月11日に５大改革指令を発すると、労働者、雇用者、学識経験者、政府、議会からなる委員会を設置した。

12月から47年４月にかけて、労働組合法、労働関係調整法、労働基準法の労働３法が誕生。全国で労組が次々と組織され、ストライキが実施された。

労働組合は当初、企業ごとに結成されたが、これを全国的組織にする動きが進んだ。

46年８月、社会党系の日本労働組合総同盟、共産党系の全日本産業別労働組合会議が結成され、両組織がリードするかたちで、さらにストが活発化した。

全日本炭鉱労組、日本電気産業労組、日本映画演劇労組、日本新聞通信放送労組などが続々とストに突入。官公庁労組では教員組合がストの先駆けとなり、全逓信従業員組合、国鉄労組などが後に続いた。

日本放送協会の組合もストを実施し、ラジオ放送が10月５日午前７時のニュースを最後に一時ストップした。

↑教員の待遇改善を求める全国大会。手前は先生を見守る子どもたち＝11月、東京・四谷の第六国民学校

↑ハンガーストライキを行う東芝の労働組合員＝11月

↑ストライキで停止していた放送が国家管理で再開された。放送会館の前は厳重警戒＝10月8日、東京・内幸町

占領の現実

アメリカン・パワー 街を闊《かっ》歩《ぽ》するGIたち

米国独立記念日に日比谷通りをパレードする米歩兵部隊＝7月4日

日比谷通りでパレード

進駐軍の大半を占める米兵たちは「GI《ジーアイ》」とも呼ばれた。GIとはガバメント・イシューの略で、官給品の意味。下士官や兵の軍服などは官給品であることから米国で兵隊の通称となっている。

大柄でたくましい米兵が街を歩くとひときわ目を引いた。

彼らが日本での生活になじむと、通訳や英文タイピストなど日常業務を補佐する仕事の需要が高まり、英語が話せる日本人の就職口となった。

日本政府は1945年8月26日に特殊慰安施設協会（RAA）を設置し、進駐軍向けの「性の施設」の建設が進んだ。進駐軍から一般女性の身を守ることも建設の目的の一つだった。

RAAは新聞に「特別女子従業員募集」と広告を掲載したが、仕事の中身を知らずに応募してくる女性もいたという。

46年7月4日には、米国独立記念日を祝うパレードが東京で行われた。日比谷通りを米兵たちが行進、街に米国旗がたなびき、アメリカン・パワーを見せつけた。

↑警察官（手前）と共に交通整理に立つ進駐軍MP＝8月、東京・銀座4丁目交差点

←富士山上空を編隊飛行するB29＝1月

ここは外国？
GHQ、ビルや施設を接収

↑松屋銀座本店に開設されたPX＝10月

立ち並ぶ英語の標識、看板

GHQは東京都心の主だった建物や施設を接収し、その多くに新しい名称を付けた。

帝国ホテルは「GHQ高官宿舎」、第一ホテルは「GHQ士官宿舎」、大蔵省は「司令部サービス・コマンド」、日比谷公園は「ムーンライト・ガーデン」と呼ばれた。

米軍人や軍属、その家族専用の売店を「PX」という。東京では松屋銀座本店、服部時計店、マツダビル、白木屋百貨店などが接収されPXとなった。

PXには飲食品やタバコ、娯楽品までが豊富にそろい、物資が不足している日本人にとっては夢のような場所だった。

都内の主要道路も「アベニュー」や「ストリート」に呼び名が変更。街の随所に英語の標識や看板が設置され、交差点では警察官と共に進駐軍が交通整理に当たるなど日本の風景は大きく変わった。

東京に限らず、全国の街で風景の変化が見られた。米国の占領で変わった街の様子は、敗戦の象徴だった。しかし、様変わりした街で、米国と民主主義という新しい価値観に希望を託した日本人も少なくなかった。

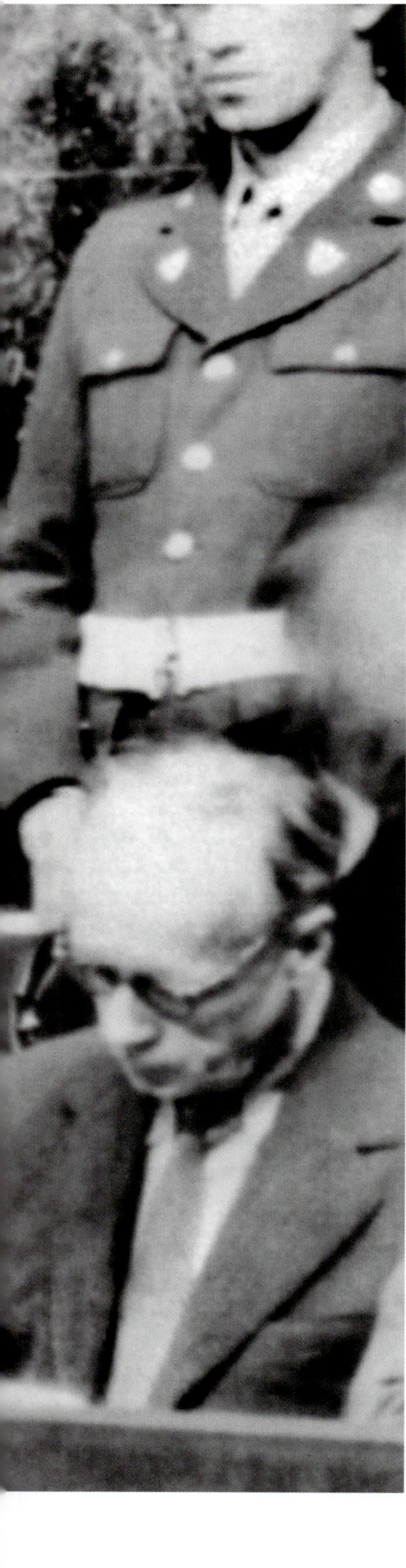

ニュルンベルク裁判
戦争責任を戦勝国が追及

非人道的行為を断罪

ホロコーストをはじめ第2次大戦におけるナチス・ドイツの戦争責任を追及する国際軍事裁判が1945年11月20日、ナチス党の党大会の開催地でもあったドイツのニュルンベルクで始まった。

敗戦国の指導者を戦勝国が裁くという前例のない裁判で、裁判官は戦勝国である米、英、仏、ソから選ばれた。

起訴されたのはドイツの首脳24人。総統ヒトラー、全ドイツ警察長官ヒムラー、宣伝相ゲッベルスらは敗戦前後に自殺していた。

訴因は共同謀議、平和に対する罪、戦争犯罪、人道に対する罪の4点。審理の過程ではホロコーストなどナチスの非人道的な行為が明らかにされ、世界に衝撃を与えた。

約1年後の46年10月1日、判決が下された。ヒトラーの後継者と目された空軍総司令官ゲーリング、ヒトラー側近として知られたナチ党官房長ボルマン、降伏文書に署名した元帥カイテルら12人に絞首刑、副総統ヘスら3人に終身刑、元帥デーニッツら4人に禁錮刑が言い渡された。無罪放免は3人だけだった。

処刑は16日に執行されたが、ゲーリングは直前に毒薬をのんで自殺した。

法廷に並ぶ（前列左から）ゲーリング（サングラス）、ヘス、リッベントロップ、後列にデーニッツ＝45年11月20日（ロイター）

ビキニ核実験

「核の時代」が到来

米国が太平洋のビキニ環礁で行った水中爆発による原爆実験＝7月25日

原爆の威力検証が目的

核兵器の開発を引き続き進めていた米国は、1946年7月に南太平洋のマーシャル群島に浮かぶビキニ環礁で、「クロスロード作戦」と呼ばれる2度の核実験を実施した。45年7月16日に米国ニューメキシコ州で行われた人類初の核実験、8月6日の広島、9日の長崎への原爆投下に続く核爆発だった。

実験の目的は核兵器の威力の検証だった。海上には米海軍の老朽艦や日本やドイツから接収した戦艦を含む約70隻の艦船が集められた。

各艦上には、実際の戦場で

↑ビキニ環礁からの移住前に、先祖の墓にお参りする島民の子どもたち＝3月（ACME）

使用された場合の破壊力と影響を調べるため、人間の代わりにブタやヤギなどの実験用動物が乗せられた。

第1実験は7月1日、プルトニウム原爆の空中爆発。第2実験は25日、水面下約30メートルの水中爆発で、多くの艦船が沈没、大破した。

ビキニ環礁の住民たちは、実験前に約200キロ離れたロンゲリック環礁に強制移住させられた。実験によって環礁は放射能に汚染され、島民の多くは帰還できなくなった。

1 January

1/25
燃料が不足した戦後、電源さえあれば素早く煮炊きができる電熱器の生産が盛んだった。夕食時に多くの家庭で一斉に使い始めると停電することがたびたびあった。

1/18
名古屋市に住む雑貨商の熊沢寛道が、自ら南朝の後亀山天皇の直系だと名乗り「熊沢天皇」といわれた。自称天皇はこの他にも全国に現れた。

2 February

戦後初の新円「十円札」(上)と
新円への切り替えで発行された百円札(下)

2/17
猛烈なインフレ抑制のため政府は抜き打ちで預貯金を封鎖、強制的に新円に切り替えさせた。交換は1人100円までで預金からの引き出しも世帯主は月額300円、他は1人100円に限定された。

3 March

3/7
発疹チフスの急増で、媒介するシラミ退治のため米軍が持ち込んだ殺虫剤のDDT散布が盛んに行われた。衛生状態の悪い引き揚げ者や、学校では児童の頭や背中に白い粉が吹き付けられた。毒性が残留することが判明し、後に国内では使用禁止になった。

4 April

東京高等商船学校敷地内の水路の底から米海軍潜水兵が引き揚げた、隠匿物資と見られる銀の延べ棒103本、6万1800ドル相当の一部。(ACME)

4/5
米、ソ、英、中国などからなる連合国対日理事会の第1回会合で演説するマッカーサー。会議での米ソの対立が激しくなるにつれ形骸化していった。

5 May

5/22
第1次吉田茂内閣成立。4月22日に幣原喜重郎内閣が総辞職して以降、鳩山一郎らが公職追放になる中、総理選びが難航。約1カ月の政治的空白があった。

6 June

6/25
東京・新橋の闇市「新生マーケット」を仕切る関東松田組の組長が射殺され、葬儀が執り行われた。

6/23
戦後の食料不足を補うために米国から輸入した食料品の見返り物資として輸出された綿糸。47年になると米国の好景気によって生産量が増加した。

7/21
埼玉県の二合半領（もともとは幕府の水利開拓事業によってできた農地）、現在の三郷市周辺での早生米の実り。

7/14
神奈川県藤沢市の江の島で行われた八坂神社の例大祭「江の島天王祭」で海に繰り出した御輿《みこし》。祭りも復活した。

7
July

8/20
「日本橋復興祭」で、新装なった日本橋を渡る行列。この祭りに掛けられた費用は当時の金額で、およそ100万円だった。

45年5月の東京大空襲で焼夷弾が着弾し、損害を受けた東京駅の修復工事。47年には修復が完成した。

8
August

9/15
9月8日、日本学生水上選手権大会の400㍍自由形で日大の古橋広之進選手が4分48秒6の世界最高を記録、15日には4分46秒2でそれを更新した。

9/4
東京裁判で証言する里見甫。満州の里見機関でアヘン密売に関わったが、東京裁判では証人として証言台に立っただけで罪に問われることはなかった。

9
September

10/25
米国への反逆罪容疑で巣鴨拘置所に収容されていた「東京ローズ」ことアイバ・郁子・戸栗・ダキノが、証拠不十分で保釈された。帰米後、起訴され有罪となった。

10/8
財閥解体が進められる中、三井・三菱両財閥の保有証券が持ち株整理委員会に引き渡され、MPの監視の下運び出された＝東京・日本橋の三井本店

10
October

11/22
東京・皇居の坂下門で天皇に献上する米俵を運ぶ農民たち。宮内省は当初この献上米を拒んだが、一部を受け取り、残りを貧しい人へ渡すことで落着した。

11/15
東京の神田明神で七五三の晴れ着姿を披露する子どもたち。

11
November

12/29
大きな釜の中で雨露をしのぐのは南海道地震によって家を失った徳島県牟岐町の子どもたち。12月21日、熊野灘を震源とするマグニチュード8の大地震が近畿、四国一帯を襲い、家屋倒壊や津波により1330人の死者を出した。

12
December

1946 Column

真空管は切れやすく、世話の焼ける存在だったエニアック

世界初のコンピューター「エニアック」

1946年2月15日、米国・フィラデルフィアのペンシルベニア大学で、実用化された汎用の世界初のコンピューター「エニアック」の完成式が行われた。

同大学の2人の研究者が、米陸軍から弾道計算を依頼されて始まった研究だった。

重量約30トンの大型コンピューターで、約1万8800本の真空管を使用。消費電力が非常に大きく、関係者の間では、電源を入れると、フィラデルフィアの街の灯りが暗くなるとのジョークも交わされた。

エニアックは7月に米陸軍に引き渡され、水爆実験の弾道計算にも使われたという。55年まで稼働して「巨大頭脳」と称された。

1947

昭和22年

2・1ゼネスト中止

土壇場で挫折した闘争

↑皇居前広場を埋め尽くす吉田内閣打倒国民大会の参加者＝1月28日
←全官公庁共闘本部で涙ながらにスト中止の経過報告を行う伊井弥四郎＝1月31日

「一歩退却 二歩前進」

1947年1月31日夜、全官公庁共同闘争委員会の議長伊井弥四郎が、NHKラジオを通じ、翌日に予定していたゼネストの中止を発表した。これを受け、各分野の労働組合による共闘委員会は即日解散となった。

前年、激しいインフレに危機感が募るなか、民間産業の労働組合が賃金水準の引き上げに成功すると、国鉄、全逓、全教組、全官公労協、全公連も全官公庁共同闘争委員会（全官公庁共闘）を結成し、最低賃金制の確立などを政府に求めた。

これを拒否した政府に対し、全官公庁共闘は1月18日、全要求が認められない場合2月1日午前0時から無期限のゼネストに突入すると宣言した。

首相の吉田茂が年頭の辞で労働組合を「不逞《ふてい》の輩《やから》」と表現したことも、労働側の反発を助長した。

1月28日には、皇居前広場で吉田内閣打倒危機突破国民大会が開かれ、機運は高まるばかり。だが1月31日午後、マッカーサーが伊井をGHQに呼び、ゼネストの中止を命じた。

伊井はラジオ放送の中で涙ながらに「一歩退却、二歩前進」と語り、無念さをにじませた。

↑ゼネスト中止の放送直前、マイクの前で頭を抱える伊井弥四郎＝1月31日、東京・内幸町の放送会館

↑2・1ゼネストの準備をする東京・茅場町の電話局の全逓組合員＝1月30日

↑男女共学となり、一緒に裁縫を習う金沢市内の小学生＝5月

6・3制スタート

男女共学・機会均等の新教育

↑始業式を迎え、小学校の校門前で胸躍らせる子どもたち＝4月

男子も小学校から家庭科

1947年3月31日、教育基本法と学校教育法が公布され、4月1日、新学制として6・3制がスタートした。

旧教育制度は、一部の特権階級と一般庶民を分ける複線型だった。

特権階級にはエリート教育が施され、同じ年齢でも師範学校、実業学校、尋常科など何種類もの学校や科があり、所属する学校や男女の別によって、受ける教育が異なっていた。

民主化改革の一環として生まれた6・3制は、こうした不公平を是正するため、教育の機会均等、普通教育の普及、男女の差別撤廃、学制の単純化を掲げて単線型とした。

義務教育の年限は、41年3月1日公布の国民学校令による8年間から、小・中学校の9年間になり、無償かつ男女共学になった。

教科内容も変化した。女子の科目だった裁縫や家事が「家庭」として生まれ変わり、男子も小学校から学ぶようになった。

一方で、当初は戦禍の影響で教室が足りなかった。中学校の教室不足はとりわけ深刻で、体育館や廊下、寺院や工場などを教室に代用することも少なくなかった。

貴族院から参議院へ

良識・理性の府として期待

文化人ら中心に緑風会を結成

大日本帝国憲法下で帝国議会の上院として機能していた貴族院が廃止され、代わって公選の議員で構成する参議院が設置された。第1回参議院議員選挙は1947年4月20日に行われた。

公選の衆議院に対し、非公選の貴族院は皇族や華族、勅選議員で構成されていた。

日本国憲法の制定過程で当初、マッカーサーは一院制を考えていたという。しかし国務大臣松本烝治らが二院制を主張して参議院が誕生した。

参議院の意義は、衆議院に対する抑制機関としての役割にある。

衆議院が「数の力」に支配されがちな政党政治が主体になるのに対して、任期が6年あり、3年ごとに半数が改選される参議院は「良識・理性の府」として長期的な判断が期待された。

その象徴的存在が、作家の山本有三や外交官の佐藤尚武ら第1回参議院当選の無所属議員を中心に結成された会派の緑風会。文化人や旧貴族院議員が多く、当初は参議院の最大会派だったが、政党政治の波が押し寄せ、選挙でも苦戦して65年に自然解散した。

←貴族院から参議院への表札の書き換え作業＝4月

↑国会議事堂の入り口に真新しい参議院の看板が掛けられた＝5月3日

↑雨中、新憲法施行記念式典で傘を手に万歳に応える昭和天皇=5月3日

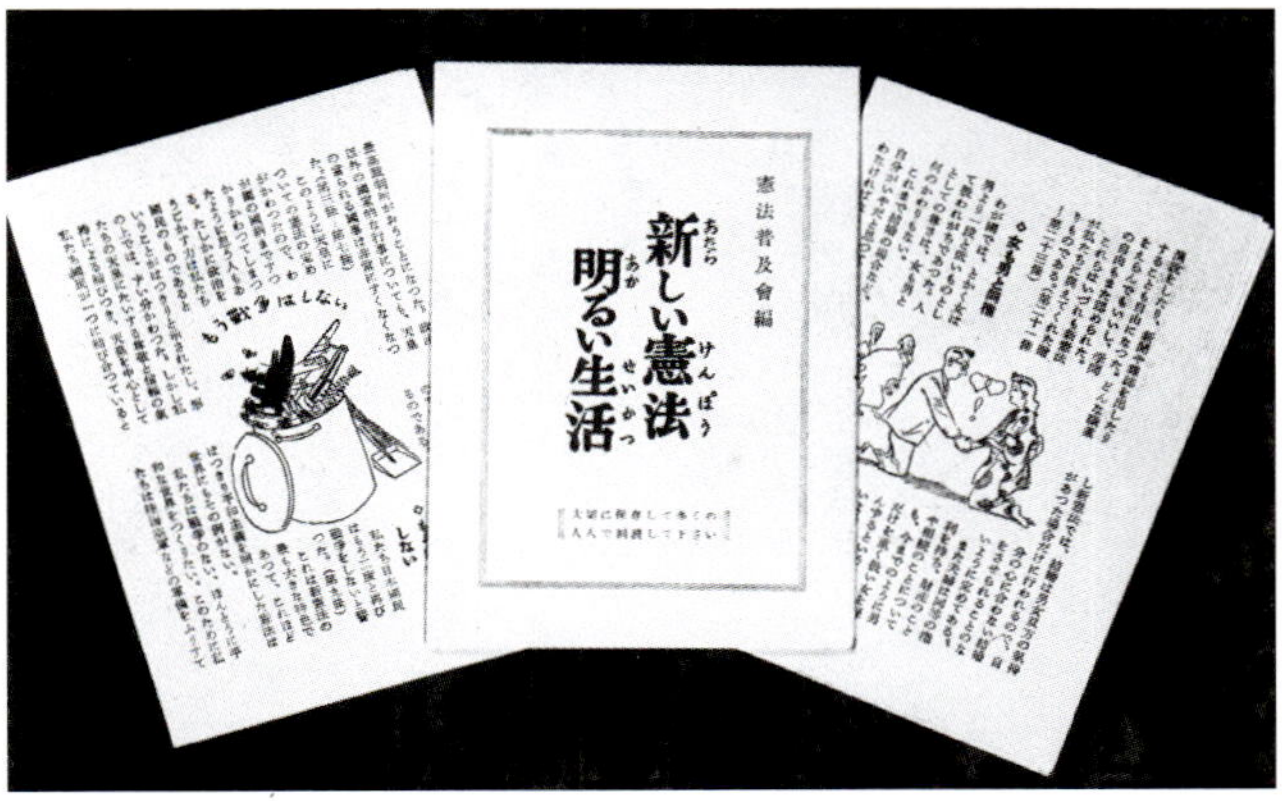

↑新憲法施行の記念祝賀行事。都内では花電車が運転された＝5月4日、東京・神田
←新憲法解説のパンフレット＝4月

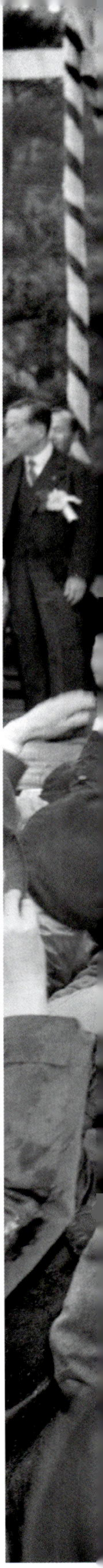

新憲法施行
日本の新たな礎《いしずえ》

象徴となった天皇

1947年5月3日、東京の皇居前広場で新憲法の施行記念式典が開催された。雨の中、傘を手にした昭和天皇が壇上に姿を現すと、群衆から「万歳」の声が上がった。

前年11月3日に公布された日本国憲法は主権在民、戦争放棄、基本的人権の尊重という原則を打ち出した。大日本帝国憲法で統治権を掌握し、陸海軍を統帥するなどと規定されていた天皇は、新憲法では「日本国の象徴」とされた。

公布以降、施行までの半年間、政府は新憲法の普及に努めた。帝国議会内に創設した憲法普及会（会長・芦田均）は、「新しい憲法　明るい生活」というパンフレットを作成し、映画「新憲法の成立」も上映した。

施行後、新憲法の誕生を祝福する記念事業が全国で行われ、首相の吉田茂は「誠に優れた憲法」と祝辞を発表した。

GHQの許可により、戦後初めて皇居や国会議事堂に日章旗が掲げられた。文部省は小・中学生向けに「あたらしい憲法のはなし」、高校生向けに「民主主義」などを発行した。

新しい国会

新憲法の下で開会

吉田内閣は総辞職

日本国憲法施行後初となる国会が1947年5月20日に開かれ、第1党獲得に失敗した自由党の吉田茂内閣が総辞職した。

23日には、日本社会党中央執行委員長の片山哲が首相に指名され、社会党政権が初めて誕生した。

片山内閣が召集した国会開会式では、衆院議長の松岡駒吉が式辞を朗読した。

昭和天皇はお言葉で「本日、第1回国会の開会式に臨み、全国民を代表する諸君と一堂に会することは、わたくしの深く喜びとするところで

第1回特別国会開会式。昭和天皇臨席の下、式辞を朗読する議長の松岡駒吉＝6月23日

ある」と述べた。

天皇が公式の場で「わたくし」と表現したのは、このときが初めてだった。

国会の開会に先立つ3月31日、大日本帝国憲法下で生まれた帝国議会は、衆議院の解散と貴族院の停会によって終了した。

4月は国政、地方ともに選挙ずくめの月となった。5日に第1回統一地方選挙が始まり、20日には貴族院に代わって設置された参議院の第1回選挙が行われた。

25日の衆議院選挙は戦後2回目で、主権在民を唱えて公布された日本国憲法下での初の投票となった。

この総選挙で社会党が第1党となって片山内閣は発足した。だが社会党の議席数は過半数に遠く及ばず、社会、民主、国民協同との3党連立内閣となった。

初の社会党政権誕生

3党連立の船出

←初閣議を終え、首相の片山（前列左から4人目）を囲み記念撮影に臨む新閣僚＝6月1日

↑日本国憲法施行後初の国会に登院する社会党委員長の片山哲＝5月20日

↑第23回衆議院選挙で自由党に勝利、第1党に進出した社会党。右から松岡駒吉、片山哲、西尾末広ら＝4月27日

片山首相「力の限りを…」

1947年4月25日、新憲法下最初の衆議院選挙で、吉田茂率いる自由党、芦田均を総裁とする民主党を抑えて、日本社会党が第1党となった。

吉田内閣の総辞職を受け、社会党委員長の片山哲は5月23日、衆参両院で首相に指名された。片山は民主党、国民協同党と共に3党連立内閣を組織し、日本初の社会党政権が誕生した。

片山は首相指名に「感激の至り。民族危機突破のために、力のあらん限りを尽くしてその責任をまっとうしたい」と語った。

マッカーサーは「日本の国内政治が中道を進んでいることを強調するもの」と評価し、片山がクリスチャンであることについても「意義深い」と好意的な声明を出した。

終戦から2年足らず、国民はインフレと空腹にあえぎ、失業者は300万人とも言われていた。片山内閣は石炭産業の国有化を掲げ、石炭増産を柱に経済の安定化を目指した。

だが連立政権の中で社会党独自の政策を進めることができず、党内の左派グループとの対立が深刻化していった。

女性の活躍1

官公庁に女性管理職

↑ダイナミックな踊りと歌で敗戦の暗い気分を吹き飛ばした笠置シヅ子＝1948年頃

「ブギの女王」も誕生

1947年9月1日、労働省が厚生省から分離して発足すると、米国に倣って婦人少年局が設置され、初代局長に婦人・社会運動家の山川菊栄が就任した。

官公庁での女性管理職の誕生が象徴するように、戦後、女性の活躍の場は広がり、発言力が強まった。

女性の権利拡大を求める動きは、女性運動家の市川房枝が新婦人協会を設立するなど戦前からあった。

市川らが展開した婦人参政権獲得運動に世論も高まり、終戦後GHQの民主化政策に伴って政治参加が実現、以後さまざまな分野で女性の解放は進んだ。

民主化の一環として46年、警視庁は女性警察官を採用し、1カ月の研修を経て62人が交通課などに配属された。

東京の京橋では3月5日、都内のカフェバーで働く女性たちが結成した「東京ウエイトレスユニオン大会」が開催された。

芸能界では笠置シヅ子が

↑カフェバーで働く女性らが結成した東京ウエイトレスユニオンの大会＝3月
←子どもたちを誘導する女性警察官。46年から採用が始まった

「東京ブギウギ」を発表し、爆発的なヒットになった。パワフルな歌声と派手なアクション、関西弁の明るいキャラクターが日本人の敗戦気分を吹き飛ばし、作曲家服部良一と組んだ「ブギもの」が次々とヒット、「ブギの女王」と呼ばれた。

女性の活躍2
デモ、ミス大会、プロ野球も

↑戦後初の国際婦人デーを記念してひらかれた、女性だけの討論会＝3月、皇居前広場

↑東京・後楽園でミス日本選抜野外舞踏大会が開かれた＝7月
←大観衆を集め女子野球大会が開かれた＝8月、横浜

働く女性たちが各地で集会

1947年3月9日には前日の国際婦人デー（国際女性の日）を記念し、働く女性たちの集会が各地で開かれた。皇居前広場では「女性を守る会」が開催され、大会後にデモ行進した。

7月、東京・後楽園では「ミス日本選抜野外舞踏大会」が開催され、優勝者には賞金1万円などが贈られた。

8月29日には民間貿易再開記念行事の一つとして、神奈川・横浜ゲーリック球場（現横浜スタジアム）で、日本初と銘打たれた女子野球大会が開催された。

横浜市と神奈川新聞社などの共催によるこの大会には、地元企業や学校から6チームが参加、1試合6イニング制のトーナメントで全5試合が組まれた。

大会は朝から夕方近くまで行われた。珍プレーが続出し、スタンドを埋めた観衆から、大喝采が送られた。

これはアマチュアの大会だったが、50年には日本女子野球連盟結成を記念し、女子プロ野球4チームが後楽園球場でトーナメントを行った。

SELECTION O
「ミス日本」選抜
50
51
61
62

↑ヘルメットをかぶって炭鉱視察に向かう昭和天皇＝1949年5月、福岡県大牟田市の三池炭鉱（西日本新聞社提供）

↑被爆地の広島市を訪問した昭和天皇。帽子を振って市民に応える＝12月7日

天皇巡幸

各地で熱烈な歓迎

被爆地 広島も訪問

昭和天皇は1947年、全国22の府県を巡幸した。8月には15日間にわたって東北地方を訪問、山形県上山町では初めて民間の旅館に宿泊し、新庄町では引き揚げ者の寮も訪ねた。

北信越、山陰の巡幸を終えた天皇は12月7日、被爆地の広島市を訪問した。広島を訪れるのは22年ぶりだった。

当時の新聞報道などによると、薄曇りの朝、市外の観光道路で待っていた原爆孤児たちを目にとめた天皇は、車を降りて「明るく勉強なさい」と子どもらを励ました。

原爆の犠牲となった包帯姿の幼女に手をかけて「よい子におなりなさい」と話した。幼女を抱いていた寮母がむせび泣くと、天皇も目頭を押さえたという。

その後、爆心地に近い護国神社跡広場に天皇が姿を現すと、集まった市民は万歳で迎えた。天皇がマイク越しに語った言葉は、それまでの巡幸中、最も長いものだった。

訪問先の果樹園でリンゴを自らもいだり、ヘルメットをかぶって炭鉱を視察したりするなど、積極的に市民の生活に近づく場面が目立った。

←リンゴをもぐ昭和天皇＝10月、長野県・篠ノ井（信濃毎日新聞社提供）

↑（上）復興進む長崎港＝8月
（下左）初の広島平和式典で、英連邦軍総司令官のメッセージが代読される＝8月
（下右）広島市の似島で収集された原爆犠牲者の遺骨＝10月

原爆犠牲者三回忌

平和への意志を世界に発信

マッカーサーもメッセージ

原爆犠牲者の三回忌となる1947年8月6日、被爆市民の平和への意志を世界に発信するために、「平和祭」と題する平和式典が、広島で初めて開催された。

午前8時、爆心地に建てられた平和塔で式典は始まった。広島市長の浜井信三が平和の鐘を打ち鳴らし、マッカーサーからは直筆のメッセージが届けられた。「（原爆投下は）戦争に自然の力を利用すれば、人類を絶滅し得るという警告を全世界にもたらした。この教訓をなおざりにしてはいけない」という趣旨だった。

長崎の原爆忌は8月9日で、46年は戦災死没者慰霊祭が遺族有志によって初めて行われた。47年には原爆殉難者三回忌法要、48年には長崎市の主催による文化祭が催された。

広島、長崎ともに復興への機運が高まるなか、49年、復興資金の助成を求めて「広島平和記念都市建設法」と「長崎国際文化都市建設法」が国会で成立した。

いずれも恒久平和実現の象徴としての都市を目指し、49年8月6日と9日にそれぞれ公布された。

法整備を受けて、広島では原爆ドームの保存、長崎では平和祈念像の建立などが進められた。

↑長崎の爆心地で平和の祈りを捧げるカトリック信徒たち＝8月

街頭録音や無料診療

街角に戻る自由と活気

↑虫歯の街頭無料診察所が開設される＝6月、東京・数寄屋橋

首相も銀座で対話に参加

戦後始まったNHKラジオの「街頭録音」は、復興の道を歩む庶民の声を生き生きと伝える人気番組だった。

「街頭にて」という番組名で始まり、1946年5月に「街頭録音」と改称して再スタートした。アナウンサーの藤倉修一が各地を訪れ、街頭や会場に集まった人々に話を聞いた。

第1回のテーマは「あなたはどうして食べていますか」だった。

収録先の東京・銀座の資生堂前には黒山の人だかりができ、マイクに向かって人々は

↑ラジオ番組「街頭録音」の収録風景。庶民の声が電波に乗り大反響＝12月、東京・銀座の資生堂前

食べ物のない不満や政府への要求を口にした。

娼婦の声を拾った「ガード下の娘たち」の回は大反響を呼んだ。

番組制作の背景にはGHQによる民主化推進の指示があった。新憲法や教育改革などの社会的テーマも扱い、ラジオを通じて日本人に「言論の自由」を広めようとした。

「街頭録音」はたちまち人気番組となり、47年6月には首相の片山哲らが出演、銀座に集まった人々と対話する様子を収録した。

収録は全国各地で行われ、熊本では数千人規模の人々が集まり、天皇制をテーマに意見を交わした。

銀座の数寄屋橋には歯の無料診察所が開設され、都内の主要駅で発疹チフスの予防接種も行われるなど街頭は自由と活気のあふれる場となった。

璽光尊事件

天変地異を予言した新興宗教

大乱闘の双葉山ら逮捕

1947年1月21日夜、石川県警察部は天変地異を予言するなどしていた新興宗教「璽宇《じう》」の教団本部（金沢市）を摘発し、教祖の璽光尊《じこうそん》こと長岡良子《ながこ》と、信者の大相撲の元横綱双葉山らを公務執行妨害などの疑いで逮捕した。

璽宇は大戦中に神道系の団体などが合流して東京で結成された。長岡は昭和天皇の人間宣言後、自らを皇位継承者と主張し、独自の元号や国旗、憲法を制定。46年秋に教団本部を金沢に移し、天変地異を唱えて布教活動を続けた。

信者に史上最多の69連勝を達成した双葉山（当時は時津風親方）のほか囲碁の第一人者、呉清源がいたことから世間の注目を集め、天皇中心の軍国主義復活を恐れるGHQも警戒を強めていた。

教団は統制物資の米を大量に所有しており、警察が踏み込んだ際は教祖を守ろうとした双葉山と大乱闘になった。

長岡は精神鑑定で刑事責任能力に疑問があるとされて不起訴になった。

敗戦で心の支えを失った日本人の心を一時はとらえた教団も、事件を契機に急速に力を失った。

双葉山は釈放直後に教団から離脱し、47年10月、大日本相撲協会の理事に就任した。

↑「天璽照妙」の長旗を押し立て街頭に出た元横綱双葉山ら「璽宇」の人々＝1月13日

↓金沢市の玉川署へ出頭を前に「璽宇」幹部が出陣式。左から2人目は双葉山、その右は呉清源＝1月21日

↑両手で顔をかくす「璽宇」教祖の璽光尊こと長岡良子＝1月

↑八高線高麗川駅付近で列車が脱線・転覆し、多数の死傷者を出した＝2月25日

1947年

昭和22年

八高線事故

大惨事の背景に食料難

買い出し客が犠牲に

1947年2月25日午前8時前、東京都八王子市と群馬県高崎市を結ぶ国鉄八高線の下り高崎行き列車が脱線、転覆した。

現場は埼玉県の高麗川駅付近の急カーブで、6両編成のうち後ろ4両が脱線し、うち3両が堤の下へ転落した。定員を大きく上回る乗客が乗っていたため、下り坂でブレーキが十分に利かなかったことが原因だった。当時の記録などによると、この事故で184人が死亡した。

多くの死傷者を出した背景には、生活必需物資の不足が

↓闇屋摘発のため、乗客の荷物の大きさを測る駅員＝3月、上野駅

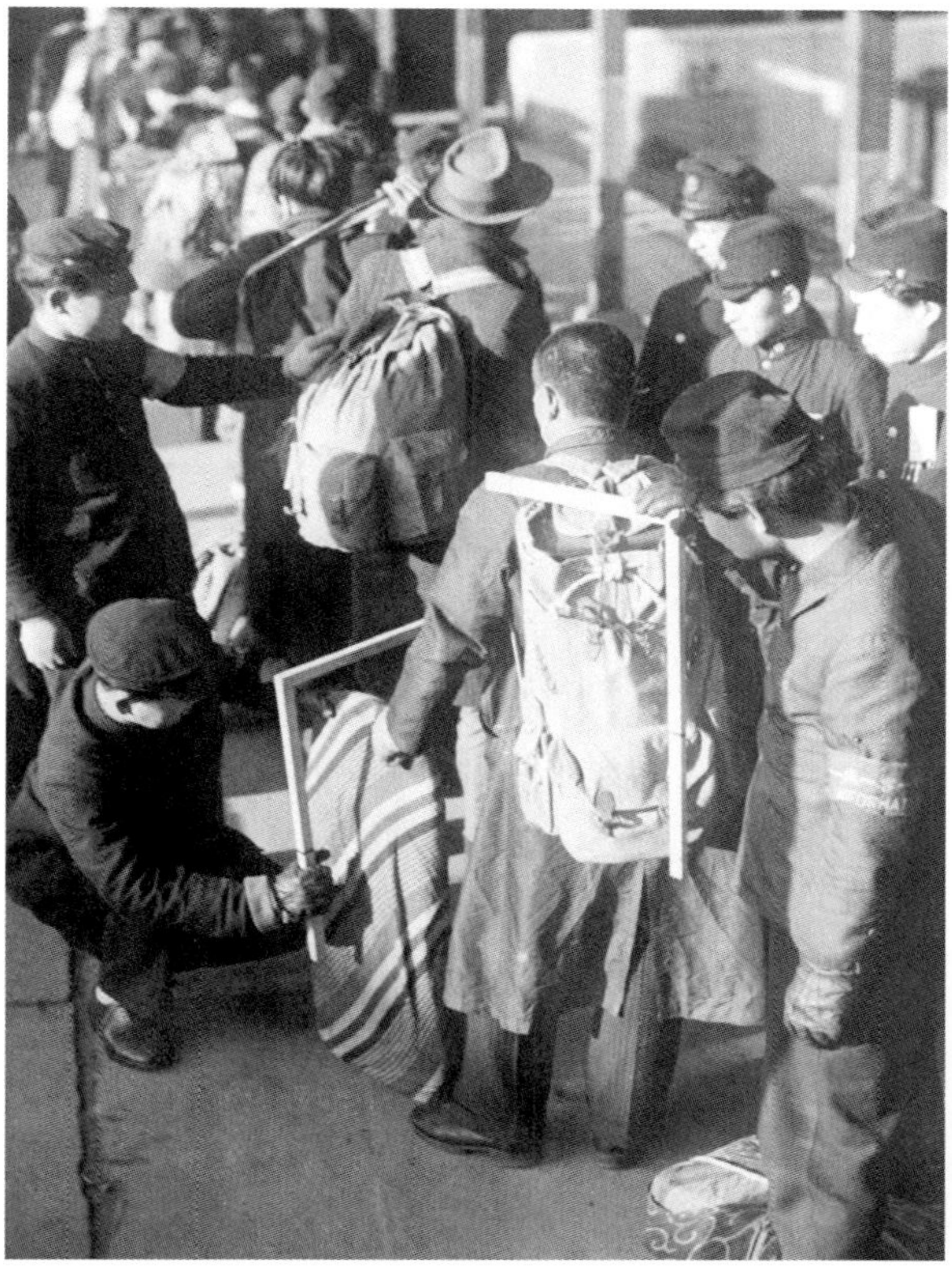

↑埼玉県の大宮駅で行われた闇食料買い出しの取り締り＝4月

あった。特に食料難は深刻で、配給だけでは生きていけない都市部の人々は自前の着物などを持って農村に行き、米や麦などの食料と交換した。

事故に巻き込まれた乗客の大半は買い出し客だった。燃料不足によって列車の本数が減る傾向にあったことも、乗客を増やす一因だった。

人々が生きるために奔走する一方で、物資の横流しなど不法な行為が横行する闇取引に対する警察の取り締まりは厳しく、買い出し列車はしばしば摘発された。長時間すし詰め状態の列車を我慢して手に入れた食料が、取り上げられてしまうことも多かった。

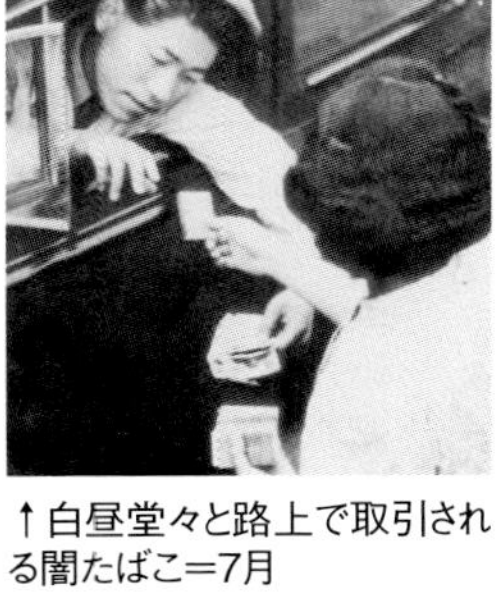

↑白昼堂々と路上で取引される闇たばこ＝7月

1947年

昭和22年

カスリーン台風 死者・行方不明1900人超

←カスリーン台風60年を教訓に、水害対策などを考える「利根川サミット」が流域6都県の知事らが参加して東京・三田で開催された＝2007年11月23日（上毛新聞社提供）

↑洪水をくい止めようと中川堤防に土のうを積み上げる都民＝9月17日

↑浸水が引かない校庭で駐留米兵に救助された東京・葛飾の小学生＝9月20日

利根川堤防が決壊

1947年9月15日から16日にかけて、東海地方から房総半島の沖をかすめて通り抜けたカスリーン台風は停滞していた前線を刺激して各地に大雨を降らせた。死者・行方不明者は1900人を超え、関東、東北地方に甚大な被害をもたらした。

16日未明、埼玉県東村（現加須市）で利根川右岸堤が大規模に破堤したのをはじめ、河川の堤防が各所で決壊して群馬、栃木、埼玉、茨城各県や東京都東部に至る広い範囲が洪水に見舞われた。

犠牲者の多くは上流域で発生した土石流によるものだった。住宅損壊は9000棟以上、浸水家屋は38万戸に達した。

占領時代、台風は米国風にABC順に女性名を付けられていた。KATHLEENは11番目だが、日本の観測基準に照らせば9号ということになる。

GHQは米軍を救援に派遣し、救助艇出動や救援物資投下などを行った。

この台風をきっかけに利根川流域の防災意識が高まった。大規模な河川改修とダムによる洪水調節が図られ、関東地方の1都6県などによる「利根川水系連合水防演習」が毎年行われている。

また、その後建設中止をめぐって論議になった八ツ場ダムの必要性の根拠ともなった。

1 January

1/1
旧満州（中国東北部）から引き揚げてきた孤児たち。お正月の贈り物に喜んだ。

1/24
「恋のお便りもいたします」と店開きしたメッセンジャー屋さん。後には東京・渋谷に米兵宛てのラブレターを翻訳する代書屋さんが集まった恋文横町も生まれた。

2 February

2/9
東京・数寄屋橋で海外抑留者の引き揚げ促進を求めて断食する星野芳樹。4月の参院選で当選し、後に静岡新聞社編集主幹となった。

2/20
終戦後の東京に登場した2人乗りの「輪タク」。運賃は2キロまで10円だった。便利さが受け、大都市を中心に全国に普及。2年後には1万3000台を超えた。

3 March

3/3
10件の連続強姦殺人事件の犯人小平義雄の初公判が東京地裁で開かれた。写真は編み笠をかぶって被告席に着いた小平義雄。

3/5
街頭での「生活と働く相談会」に職を求めて押し寄せた人たち＝東京・浅草。

4 April

東京・大森海岸の潮干狩りの風景。春の風物詩というよりも食料不足を少しでも補うため、必死に貝を探す姿。

4/25
4月20日、長野県飯田市で3700戸以上を焼失した飯田大火。同日の参院選は投票所焼失のため再選挙、25日には焼け跡で衆院選の投票が行われた。

5 May

5/18
東京・神田駿河台の中央大学で第1回全国そろばん選手権大会が開催され、600人以上が初のそろばん日本一を競った。背広に交じって国民服姿も見られた。

5/19
東京の上野公園で開かれた子どもレクリエーション大会で、三輪車に乗って行進する子どもたち。

6 June

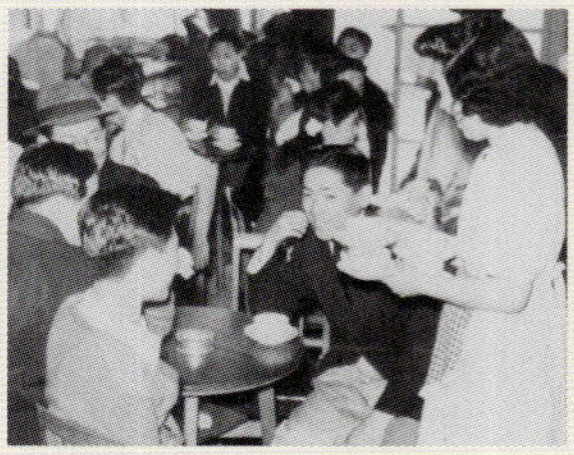

6/4
当局の「闇材料による料理禁止」を掲げた取り締まりに伴い一斉休業していたコーヒー店が再開され、待ちかねていた客で満員となった。

7/22
日露戦争の旅順港閉塞作戦に従事、戦死した後に「軍神」と呼ばれた広瀬武夫中佐の銅像も、地面に倒され撤去された。東京・神田須田町。

7/9
エリザベス・バイニング夫人が、学習院で指導していた授業の様子。夫人は46年10月に昭和天皇の意向を受け皇太子（現在の天皇陛下）の家庭教師を務めるため来日した。

7 July

8/14
英領インドでイスラム教徒地域がパキスタンとして8月14日に独立、翌15日にはヒンズー教徒地域がインドとして分離独立した。パキスタンは東西に分かれたが、71年には東パキスタンがバングラデシュとして独立した。

8 August

9/23
東京・上野の不忍池を水田化した「上野たんぼ」で収穫された米の一部は、1週間前に関東地方に被害をもたらしたカスリーン台風の水害被災者に支援米として贈られた。

9 September

10/29
クリスマス用品の売り出しが始まった東京・日本橋の白木屋デパート。

10/13
新憲法のもとで初の皇室会議が開かれ、14宮家のうち11宮家の皇籍離脱が決定された。昭和天皇、香淳皇后にあいさつの後、お別れ夕食会に出席した元宮家の人々＝10月18日

10 October

11/20
英国のエリザベス王女がギリシャ王室出身のフィリップ・マウントバッテン伯（エディンバラ公）と結婚式を挙げた。

11 November

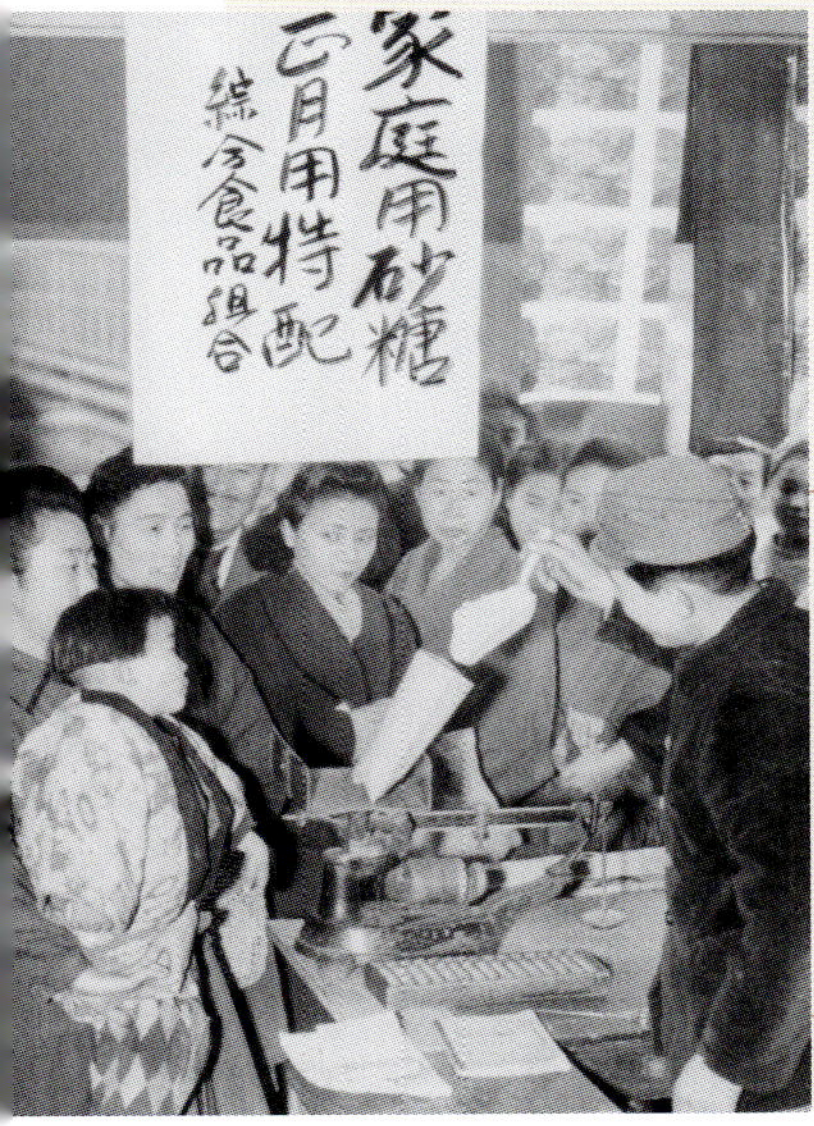

12/27
正月用にと配給が始まった砂糖を求めて列をつくる女性たち。

12/1
12月1日に発売される100万円の宝くじを宣伝するカーニバルの仮装行列行進＝11月29日

12 December

1947 Column

ブルックリン・ドジャースで活躍したジャッキー・ロビンソン選手＝1956年

初の黒人選手ロビンソン

1947年、厚い人種差別の壁に閉ざされていた米大リーグで黒人のジャッキー・ロビンソン選手がデビューし、盗塁王と新人王を獲得した。

1年目からブルックリン・ドジャースのリーグ優勝に貢献すると、49年には首位打者と盗塁王、最優秀選手にも輝いた。

デビュー当初、相手チームは試合放棄を言い出し、ランナーは故意にスパイクで蹴りつけたこともあった。チームメートさえゲームが終わると口をきいてくれなかった。

しかしロビンソン選手は57年に引退するまでチームに貢献した。終身打率3割1分1厘、137本塁打、黒人選手初の野球殿堂入りも果たした。

背番号42は現在大リーグ全球団が永久欠番としている。

1948

昭和23年

帝銀事件
毒物飲ませ行員12人殺害

↑平沢自供の報に、帝国銀行椎名町支店前に集まった人々＝9月27日

←安田銀行に小切手を取りに行った犯人の服装をした平沢貞通＝9月

拘束39年、無罪の訴え届かず

1948年1月26日午後3時すぎ、東京都豊島区の帝国銀行椎名町支店に「東京都防疫班」の腕章を巻いた男が現れ、赤痢の予防薬と偽って行員ら16人に青酸化合物を飲ませ、現金約16万円などを奪って逃走する事件が発生した。12人が死亡した。

1週間前にも同様の未遂事件が三菱銀行中井支店で起きていた。さらに前年には、同一犯とみられる男が安田銀行荏原支店を訪れ、厚生技官の松井蔚《しげる》の名刺を残していた。

松井と名刺交換していたことなどから、8月21日、画家

↑毒殺事件が発生した帝国銀行椎名町支店の散乱した内部＝1月27日

↓平沢貞通が描いた色紙。「白雲と親しむ富士なり初日の出」の句が記されている。「光彩」は平沢の号＝1969年7月

の平沢貞通が逮捕された。平沢は起訴後公判段階で無実を主張したが、一、二審とも強盗殺人罪で死刑、最高裁で上告は棄却され、55年5月7日、死刑が確定した。

決定的な物証はなく、毒物の入手方法も不明だったため、平沢の支援団体や作家の松本清張らは「毒物の扱いに慣れた旧陸軍特殊部隊要員の仕業」などと推理し、平沢の無罪を訴えた。

再審請求や釈放請求は棄却され続け、平沢は87年5月10日、約39年の拘束生活ののちに八王子医療刑務所で死亡した。95歳になっていた。

中道政治の挫折

社会党政権、9カ月で退陣

←片山内閣総辞職。首相官邸を出る片山哲＝2月10日

→社会党左右両派代表が国会内で話し合うが、物別れに終わる＝2月

→芦田内閣組閣へ。握手を交わす（右から）芦田均、片山哲、三木武夫＝3月9日

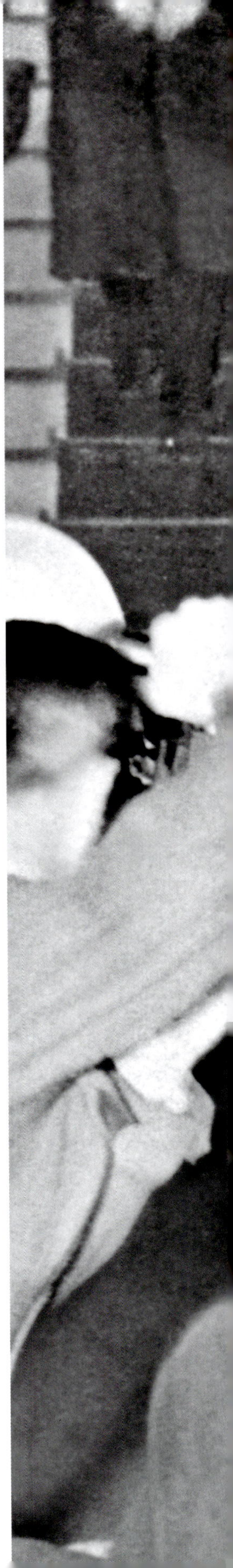

党内分裂が命取りに

1948年2月10日、片山哲内閣が総辞職した。日本国憲法下で発足した初の社会党内閣は、9カ月足らずで退陣に追い込まれた。

前年4月の総選挙で第1党となった片山内閣だったが、発足当初から安定感に欠けていた。自由、民主、国民協同とともに結んだ4党協定を背景に連立政権の成立を目指したものの、自由党が社会党左派の排除を要求したため、組閣は難航した。結局、社会党左派は入閣せず、自由党も野党化し、民主、国民協同との3党連立内閣が誕生した。

片山内閣はインフレ対策と石炭増産を中心に経済の安定化に取り組んだ。だが衆議院の過半数が保守勢力によって占められていることに変わりはなく、掲げていた石炭産業の国有化にも失敗し、社会党独自の政策は十分な成果を挙げられなかった。

不満を募らせた衆院議員の鈴木茂三郎ら社会党左派グループは48年1月、党大会で4党協定の破棄を迫った。破棄が決定すると、2月にはさらに、鈴木を委員長とする衆議院予算委員会で政府追加予算案が否決された。

片山内閣の総辞職後、同じ3党による芦田均連立政権が発足した。

↑国会で逮捕許諾された前首相芦田均は、任意出頭の形で東京地検へ＝12月7日
←ずらりと並んだ容疑者名簿。「芦田前首相」の名前が見える＝12月

昭電事件
戦後初の大型贈収賄事件

政官界の大物が続々と

化学肥料大手の昭和電工を舞台とする贈収賄事件が発覚した。1948年5月、警視庁は本社を家宅捜索し、証拠書類を押収、6月に社長の日野原節三を逮捕した。

当時の報道などによると、贈賄の目的は、経済復興のために設立された国の復興金融金庫から巨額の融資を得ることだった。食料の増産を目的とする肥料増産計画を政府から受託した昭和電工は、約1億円の金品を政治家などに贈った。

日野原の逮捕後、収賄容疑で政官界の大物が続々と摘発された。9月には経済安定本部長官の前大蔵大臣栗栖赳夫が、10月には前副総理で社会党の西尾末広が逮捕された。

現職閣僚の不正疑惑に、芦田均内閣は発足7カ月で総辞職に追い込まれた。12月には芦田自身も逮捕された。

この戦後初の大型疑獄には、GHQ内部の対立も絡んでいた。

日本の民主化を推進する民政局と昭和電工幹部との癒着を参謀情報局が突き止め、摘発を仕向けたとされる。

60人を超える逮捕者のうち、日野原と栗栖は執行猶予付きの有罪が確定したが、芦田をはじめほとんどが無罪となった。

西尾末広
芦田均
前首相
10.16
10.20
11.17

東宝争議

米進駐軍が直接介入

装甲車に戦車偵察機も

1948年8月19日早朝、東京都世田谷区の東宝砧撮影所を装甲車や戦車、ヘリコプター、約2000人の武装警官が取り囲み、上空を偵察機が飛んだ。

映画会社東宝と東宝従業員組合の間で起きていた「東宝争議」は、当時レッド・パージの姿勢を強めていた米進駐軍が直接介入する騒ぎとなった。

46年3月に始まった争議は数次にわたり、組合側は映画の企画や経営に参加する権利などを獲得した。

しかし組合運動に対する反

大量解雇に反対して労組員が立てこもった東宝砧撮影所に武装警官のほか米軍の装甲車や戦車も出動し、明け渡し仮処分が執行された＝8月19日、東京・世田谷

発も多く、大河内伝次郎や山田五十鈴、高峰秀子らスターが脱退し、株式会社新東宝の設立につながった。東宝では新人の育成に力を入れ、三船敏郎や久我美子ら新たな看板俳優が誕生した。

会社側は48年4月8日、再建に向けて２７０人の解雇を発表。組合側は全面拒否して撮影所に立てこもった。

会社側が東京地裁に申し立てた撮影所の占有排除仮処分の執行に際し、米進駐軍が非常事態に備えて出動した。

当日、小田急線の成城学園前駅は乗降が禁止された。「来なかったのは軍艦だけ」と言われた米進駐軍の介入で8月19日昼前、組合員はスクラムを組んで撮影所を退去した。

10月には組合側から幹部20人が自主退社を申告し、会社側の人員整理の撤回とともに東宝争議は終結した。

東京裁判終わる

A級戦犯全員に有罪判決

↑東京裁判の判決公判が始まり、ラジオ放送に聴き入る人々=11月4日、東京・銀座の松坂屋

天皇の戦争責任は不問

連合国が日本の戦争指導者らを裁いた東京裁判は1948年4月16日、全ての審理を終えた。46年5月3日の開廷から約2年、公判は370回に及んだ。

占領軍司令部は、首席検察官キーナンが提出した起訴状を基に、A級「平和に対する罪」、B級「通例の戦争犯罪」、C級「人道に対する罪」の責任を追及した。

東京裁判ではA級について審理され、BC級の審理は45年から旧日本軍の占領地域や連合国各国で進められた。

東京裁判の判決公判は11月4日に始まり、12日の判決言い渡しはラジオでも放送された。

「平和に対する罪」を問われた被告は28人。そのうち病死などで審理から外された3人を除く25人全員が有罪になった。

東条英機、広田弘毅ら元首相や軍人7人が絞首刑、16人が終身禁錮、禁錮20年が1人、同7年が1人だった。

昭和天皇の戦争責任について訴追するかどうかは、連合国の中で意見が分かれ、紛糾した。

連合国で構成する極東委員会の決定によって、天皇の訴追は免除された。

↑東京裁判で絞首刑の判決を聞く、東条英機＝11月12日

岸信介釈放
「55年体制」の出発点

政界復帰と自民党結成

東条英機らA級戦犯7人の絞首刑が執行された翌日の1948年12月24日、不起訴となった容疑者が釈放された。東京・巣鴨拘置所を後にする人々の中に、岸信介の姿があった。

農商務省で革新官僚として満州国の産業開発を主導した岸は東条内閣で商工大臣を務め、第2次大戦中に指導的役割を果たした。

約3年の拘置所生活を経て出所した岸は、その足で弟佐藤栄作が住んでいた永田町の官房長官公邸を訪れた。

政界復帰を決意していた岸は52年、サンフランシスコ講和条約の発効に伴う公職追放解除とともに日本再建連盟を結成し、戦後占領体制の打破を目標に据え国民運動を展開した。

翌53年には吉田茂が率いる自由党に入党し、同年の衆院選挙で当選して、政界に復帰した。

54年、岸は反吉田路線を打ち出し、鳩山一郎を総裁に日本民主党を結成した。翌年には自由党と保守合同して自由民主党を結成、初代幹事長に就任し、「55年体制」を確立した。

その後、57年に岸が、64年には佐藤が内閣総理大臣となった。

岸信介（左）は釈放後、弟の佐藤栄作を公邸に訪ね再会する＝12月24日

希望と不安の日々

GIベビーと「サンダース・ホーム」 沢田美喜が私財投じ開園

↑歌手のジョセフィン・ベーカー（中央）と沢田美喜（右）＝1954年4月、東京・羽田空港

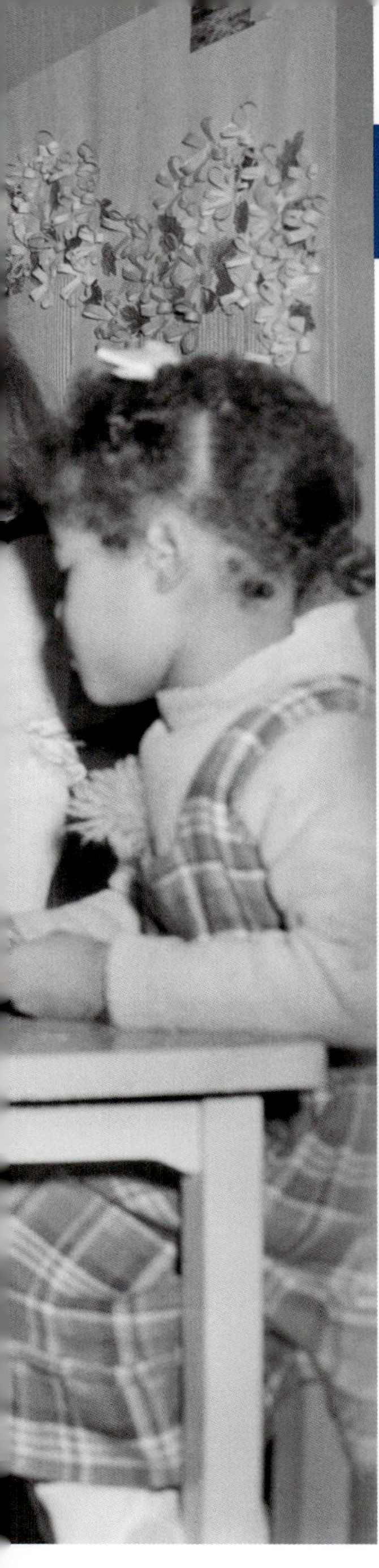

←エリザベス・サンダース・ホームで子どもたちの様子を見守る沢田美喜＝1952年

米元大統領夫人も協力

三菱財閥を創設した岩崎弥太郎の孫の沢田美喜が1948年2月1日、神奈川県大磯の旧岩崎別邸を開放し、児童養護施設「エリザベス・サンダース・ホーム」を開園した。

きっかけは戦後間もない冬の日の出来事。列車に乗っていた沢田の手元に網棚から風呂敷包みが落ちてきた。中から出てきたのは混血とみられる赤ちゃんの遺体だった。

戦後復興期、米進駐軍兵士と日本人女性との間に生まれた「GIベビー」は、大きな社会問題のひとつだった。

外交官の沢田廉三と結婚後、熱心なクリスチャンだった彼女は、私財を投じて孤児のための施設を開くことを決意した。

中傷や差別にさらされながら資金集めに奔走。渡米を重ね、作家パール・バックや歌手ジョセフィン・ベーカー、F・ルーズベルト米元大統領の夫人ら著名人の協力も仰いだ。

その功績に対し、人道主義に貢献した女性に贈られるエリザベス・ブラックウェル賞が授与された。

施設の名前は、最初の寄付者となった日本聖公会のエリザベス・サンダースにちなんでつけられた。

80年5月に死去。その遺志を継いで建てられた「沢田美喜記念館」には、沢田が生前収集した隠れキリシタン関連の貴重な史料約800点が展示されている。

ヘレン・ケラー来日

「世界の暗闇を照らす光」

↑皇居前広場で開かれたヘレン・ケラー女史歓迎国民大会＝9月4日

全国15都市で歓迎受ける

視覚と聴覚の重複障害を克服した社会福祉活動家のヘレン・ケラーが1948年8月29日、来日した。37年に続き、2度目の来日だった。

9月4日には皇居前広場で「ヘレン・ケラー女史歓迎国民大会」が開かれた。集まった都内の小中高生約2万人は、ケラー来日を祝って作られた「幸福の青い鳥」を東京都吹奏楽団の伴奏で大合唱した。

ケラーは2カ月間にわたって札幌から長崎まで全国15都市を訪問し、身体障害者福祉法の制定などを訴えた。

1880年、米国で生まれたケラーは生後19カ月で熱病のため視力と聴力を失った。しかし両親や家庭教師サリバンの支えで、見えない、聞こえない、話すことが困難という「三重苦」を克服した。

ラドクリフ女子大学（現ハーバード大学・ラドクリフ研究所）の全課程で優秀な成績を修めて、7カ国語を操ることができるようになった。

身体障害者の教育・福祉活動のほか戦争反対、男女平等、人種差別反対を訴えて世界各地を歴訪し、「世界の暗闇を照らす光」と呼ばれた。1968年に87歳で死去した。

↑東京・渋谷駅前のハチ公像をなでるヘレン・ケラー＝9月5日

集団見合い
各地で出会い企画が流行

←（右）鎌倉の鶴岡八幡宮での集団見合いの様子。参加料金は1人100円＝5月
（左）東京・多摩川河畔で良縁を求めあう若い人々＝4月

↑鎌倉の鶴岡八幡宮で行われた集団見合い＝5月

↑東京・多摩川河畔で行われた集団見合いの様子＝4月

ベビーブームに一役

1947年11月6日、東京の多摩川河畔で、初の集団見合い大会が開かれた。主催は結婚紹介雑誌「希望」を発行する希望社で、題して「花嫁花婿の見合い大会」。

20～50歳の男女386人が参加し、それぞれ番号札を付け、3人までは無料で身元などを事務所に問い合わせることができた。男女比は2対1と男性が多かったが、相当数のカップルが成立したという。

戦争によって婚期を逸した男女は多かった。仲人役不足に加え、マスコミが注目したことも手伝って、集団見合いは話題となり、ベビーブームにも一役買った。

48年4月には第2回大会が行われた。参加券付きの「希望」6万部が売り切れる人気ぶりで、参加者は数千人規模に膨らんだ。首相の芦田均や元首相の吉田茂から祝電も届いた。

その後も、神奈川県鎌倉市が主催して、鶴岡八幡宮で集団見合いが開催されるなど、男女に出会いを提供する同様の試みは各地で流行した。

鶴岡八幡宮での集団見合いの参加料金は、10本入りたばこ2箱程度の1人100円だった。

美空ひばり登場

天才少女から歌謡界の女王へ

↓映画「東京キッド」より（写真提供：ひばりプロダクション）

↑映画「悲しき口笛」より（写真提供：ひばりプロダクション）

「東京キッド」「リンゴ追分」

1948年5月1日、美空ひばり（本名加藤和枝、当時の芸名は美空和枝）が横浜国際劇場のステージに立った。10歳の少女は大人の歌を情感たっぷりに歌い上げ、一躍脚光を浴びた。

美空ひばりは37年5月29日、横浜市に生まれた。

天性の歌唱力を母親に見出されて幼いころから舞台に立ち、素人のど自慢大会にも出場。大人顔負けの表現力が「子どもらしくない」という理由で不合格になったとの逸話が残っている。

10歳のころには地方巡業を

↑映画「東京キッド」より（写真提供：ひばりプロダクション）

するようになっていた。

横浜国際劇場の5日間のステージで注目を集めた彼女は翌49年、「河童ブギウギ」でレコードデビュー。

さらに映画「悲しき口笛」に初主演し、主題歌とともに映画も大ヒットした。

その後も、「東京キッド」「リンゴ追分」などの映画主題歌が立て続けにヒットし、若くして大スターの地位を築いた。

映画にも多数主演し、「ひばり捕物帖」シリーズなどの人気作品で、女優としての才能を開花させた。

20歳でNHK「紅白歌合戦」紅組の大トリを務め、65年に「柔」で日本レコード大賞を受賞した。

「悲しい酒」「真赤な太陽」は、いずれもミリオンセラーとなり、「歌謡界の女王」と称された。

↑太宰と心中した女性の部屋には2人の写真が飾られ、女性の戒名も用意されていた＝6月

←無頼派の代表格として活躍していた太宰治

↑愛人と入水自殺した太宰治の遺体が東京・玉川上水で見つかった＝6月19日

↑生誕100年祭で除幕された太宰治像。青森県五所川原市・芦野公園＝2009年6月

太宰治入水《じゅすい》心中

人気作家の死、社会に衝撃

「小説を書くのがいやになった」

「富嶽百景」「走れメロス」などの短編小説で知られ、戦後は没落華族を描いた「斜陽」で評判を呼んだ作家太宰治（本名津島修治）の遺体が1948年6月19日早朝、東京都北多摩郡三鷹町（現三鷹市）の玉川上水で見つかった。愛人で美容師の女性と入水心中したとみられ、2人の遺体は腰の部分が赤いひもで結ばれていた。

15日朝、玉川上水の土手で、化粧袋や青酸カリが入っていたと思われる小ビンが見つかった。土手を下った跡もあり、捜索が進められていた。

太宰は13日から行方不明となり、夫人宛ての遺書には「小説を書くのがいやになった」という意味の言葉が記されていた。

無頼派の代表格で、戦後を代表する人気作家の死は社会に衝撃を与えた。38歳だった。

6月19日は晩年の作品「桜桃」にちなんで「桜桃忌」と名付けられ、今もファンらが遺骨を納めた三鷹市の禅林寺を訪れている。出身地の青森県金木町（現五所川原市）でも68年から追悼が行われているが、この日は太宰の誕生日のため金木町では五十回忌を節目に「生誕祭」とした。

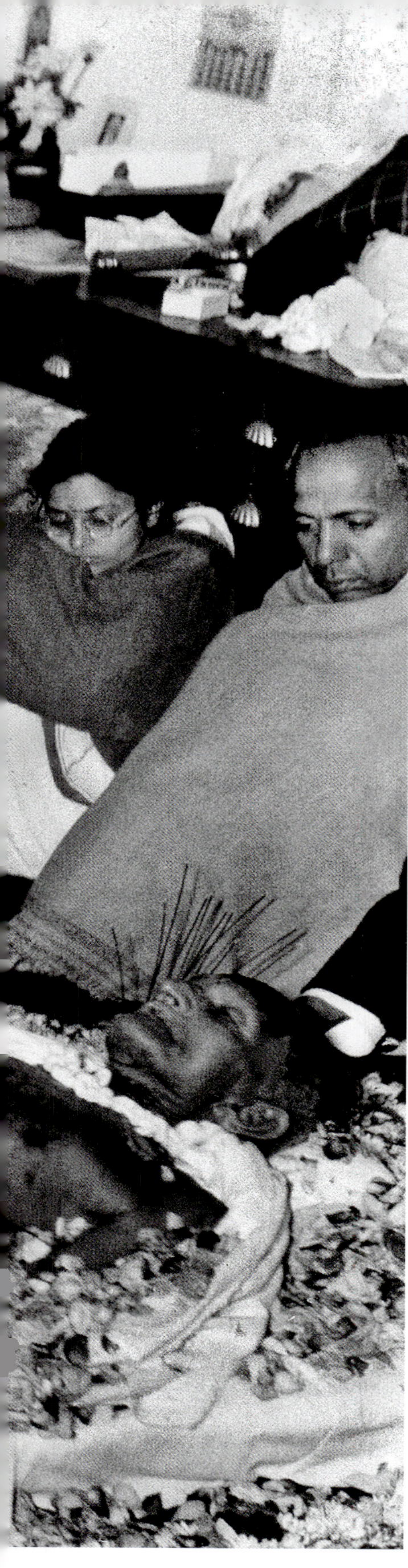

ガンジー暗殺
凶弾に倒れたインド独立の父

非暴力を貫いた生涯

1948年1月30日、インドの独立運動の指導者ガンジーが、ニューデリーにある支援者の邸宅で日課の礼拝に向かう途中、ヒンズー教徒の青年に撃たれ死去した。78歳だった。

ガンジーは20代で弁護士として赴いた南アフリカで激しい人種差別を経験したことをきっかけに独立の必要性を強く感じ、帰国後は宗主国英国からの独立運動に加わった。たびたび投獄されたが、「非暴力」と「不服従」を唱えて運動を続け、インドは47年に悲願の独立を果たした。

しかし、ヒンズー教徒を中心としたインドと、イスラム教徒を中心としたパキスタンの二つの国に分離した形での独立となったため、双方の国で少数派の教徒が弾圧されるなど大混乱が発生。

ガンジーは二つの宗派の融和を願い、48年1月13日から高齢の身で断食を開始。18日にインド政府がイスラム教徒の保護と平和維持の誓約を発表するまで続けた。

だが、イスラム教との和解に反対していたヒンズー教の原理主義者からは敵視されていた。国連はガンジーへの弔意を表すため、国連旗と全加盟57カ国の国旗を3日間半旗にした。

バラの花びらに覆われたガンジーの遺体。集まった親族や献身的支持者がその死を悼んだ＝1月30日、ニューデリー（AP）

イスラエル独立宣言

ユダヤ民族の新国家誕生

アラブ諸国と激しく対立

1948年5月14日、テルアビブ市内の美術館で、シオニズム運動の指導者ベングリオンが、ユダヤ人国家イスラエルの独立を宣言した。

宣言は「近年、ユダヤ民族に降りかかった災厄、すなわち欧州の数百万人のユダヤ人虐殺は、ユダヤ人が祖国を持たないという問題を早急に解決する必要性を明確に示している」と第2次大戦中のナチス・ドイツの蛮行に言及して、ユダヤ人国家再建の意義を強調した。

47年11月、国連のパレスチナ特別委員会が英国の委任統

テルアビブ美術館でベングリオンがイスラエルの独立宣言を行う＝5月14日

治領であるパレスチナの半分以上をユダヤ人国家に、残りをアラブ人国家に分割する勧告案を出し、総会で採択されていた。

これに周辺アラブ諸国からの反発が強まり、ユダヤ人とアラブ人の間で小競り合いやテロが相次ぎ、双方に多くの犠牲者を出した。

独立宣言の翌15日、新国家の樹立を認めないシリア、レバノン、トランス・ヨルダン（現ヨルダン）、エジプト、イラクからなるアラブ諸国がイスラエルに進攻し、いわゆる第1次中東戦争が始まった。

世界中からのユダヤ志願兵の参加によりイスラエルが戦闘を優位に進め、49年7月までに停戦協定が結ばれ、イスラエルは大幅に領土を拡大した。

その結果、多くのアラブ人が難民となるなど、アラブ・イスラエルの厳しい対立は今も続いている。

ロンドン五輪

大戦後初、12年ぶりに復活

↑女子80メートルハードル決勝で1位となるクン選手（右）＝8月（AP）

↑日本が参加できなかったロンドン五輪の開会式＝7月29日（AP）

敗戦国日本は不参加

1948年7月29日、ロンドンで第14回夏季オリンピック大会が約4千人の選手を集めて開幕した。第2次大戦のため40年、44年の2回が中止され、大戦後初、12年ぶりの開催となった。

敗戦国のドイツや日本の参加は認められなかった。食料や資材などが不足していたため「緊縮オリンピック」といわれた。

競技会場は既存の施設が活用され、選手たちの宿舎は軍の兵舎や学校が充てられた。メーン会場はロンドン郊外にあるエンパイア・スタジアムを改修して使用された。

競技では、女子陸上のフランシナ・ブランカース・クン選手（オランダ）が、4種目の金メダルを獲得して大会のヒロインとなった。2児の母親であったことから「空飛ぶ主婦」と呼ばれた。

100メートル、走り幅跳び、棒高跳びなどの10種競技では、当時17歳だったボブ・マサイアス選手（米国）が金メダルに輝いた。

参加国中、米国は、金38個を含む計84個と、最多のメダルを獲得した。

1 January

1/20
もらい子殺し事件のあった寿産院。乳児に配給されたミルクや砂糖を闇で売買し利益を得ながら、100人以上のもらい子を栄養失調などで死亡させていた。

1/5
太平洋戦争開戦時に閉鎖されていた日米間の民間用国際電話回線が1月4日に再開され、忙しい中央電話局の交換台。

2 February

2/25
戦災によるがれきなどの残土処理のため、1948年から埋め立てが始まり、52年には東京・銀座を流れる三十間堀川は姿を消した。写真は49年2月三原橋付近から銀座1丁目（左奥）を望んだもの。

3 March

3/21
2年前から各地で始まった「のど自慢」で選ばれた代表26人が集まってNHK「のど自慢全国コンクール優勝大会」が開かれた。独唱、歌謡曲、俗曲の3部門で競い、優勝者には金一封とラジオなど数万円相当の副賞が贈られた。

3/15
「全日本美容競技選手権大会」で1等になった髪形＝東京・神田の共立講堂。

4 April

4/29
売りに出された勲章。食べることで精いっぱいだった時代。名誉よりもまず食料と、換金された物かもしれない。

4/27
兵庫県で朝鮮人学校に閉鎖命令が発せられたことに対し、在日朝鮮人の抗議行動が激化。25日には占領軍神戸地区司令部が占領後初の非常事態宣言を発令し、事態の鎮圧に乗り出した。神戸事件とも呼ばれた。

5 May

5/9
北海道の礼文島で金環日食が観測された。太陽が月の陰に隠れリング状になる天文ショーに地元住民は歓声を上げた。日米共同で科学者1500人の観測チームも組まれた。

5/1
5月2日からサマータイムが実施された。時計を1時間進めるもので、当時は「サンマータイム」と呼ばれた。不評のため52年には廃止された。写真は前夜、針を調整する銀座の時計店。

6 June

6/28
福井平野を襲ったマグニチュード7.1の福井地震。死者3769人、家屋倒壊3万6184戸の大災害となった。写真は福井市の惨状、中央は大和デパート＝7月1日

6/23
東京・銀座で映画の宣伝看板をぶら下げて歩くサンドイッチマン。写真は海軍大将の息子。価値観がガラリと変わった戦後を象徴する話題として取り上げられた。

7/18
京都・四条通りを練る祇園祭の山鉾

7/12
出会いを探して結婚相談所に集う男女＝東京・明治記念館

7 *July*

8/15
ソウルで開かれた「大韓民国政府樹立国民祝賀式」。大韓民国大統領には、親米反共主義者で南朝鮮の単独独立を唱えていた李承晩が就任した。

8 *August*

9/19
アイオン台風が9月15日～17日に関東・東北地方に死者・行方不明800人を超える大きな被害を与えた。写真は崩れた家屋を見つめる住民＝岩手県一関付近

9/19
旅客用機関車の不足を解消するために、D52形からの改造名義で完成したC62機関車。通称シロクニ＝日立製作所・下松工場

9 *September*

10/17
首相の指名を受け神奈川県・大磯海岸を散歩する吉田茂（第2次内閣）。第5次までの長期政権を敷き、引退後も政界幹部らが「大磯詣で」するなど影響力を発揮した。

10/1
東京・日赤講堂で開かれた第1回全国新聞大会。首相の芦田均があいさつをした。

10 *October*

11/24
東京都民に開放された東京第二師範学校（現東京学芸大）内の読書室。「タイム」や「ライフ」など洋雑誌の表紙が数多く並んでいる。

11/1
主食の米の配給が1人1日2合5勺から2合7勺に増やされた。写真は準備が整った東京・京橋の小田原町配給所。

11 *November*

12/18
東京・銀座に店開きした馬券売り場。一獲千金を夢見る人で大盛況。

12/1
国共内戦で毛沢東の人民解放軍が北京に無血入城。蒋介石の国民政府は政府機関を広東に移した。

12 *December*

1948 Column

↑年の瀬の東京・新宿の大衆酒場で「カストリ焼酎」を楽しむ人たち＝12月
→警視庁に摘発されたエロ・グロが売り物だったカストリ雑誌＝4月

カストリ雑誌と焼酎

物不足の大戦直後、人気を集めたのが「カストリ焼酎」。急造された粗悪な密造酒のことで、これにちなんで当時流行していた大衆娯楽雑誌も「カストリ雑誌」と呼ばれた。

その由来は、安直な内容のため多くは3号でつぶれることから、「3合も飲めば酔いつぶれる」カストリ焼酎にかけたとする説や、カストリ紙と呼ばれる配給統制外の粗悪な紙を使っているからだとする説もある。

人情、恋愛などを幅広く扱い、約40㌻のＢ５判型から約１００㌻のポケット判型へと移行した。

最初の月刊誌「猟奇」は、性を正面から取り上げて話題となり、１９４６年10月の創刊後、間もなく売り切れた。第2号に掲載された「Ｈ大佐夫人」は、わいせつ物頒布罪で摘発された。

1949

昭和24年

怪事件続発

下山事件
国鉄3大怪事件の始まり

↑遺体と同じ重さの砂人形を使って行われた実地検証＝7月
←現場で発見された遺留品の一部＝7月

自他殺不明のまま封印

１９４９年７月６日未明、国鉄総裁の下山定則のれき死体が、東京都足立区の国鉄常磐線綾瀬駅付近の線路上で発見された。下山は前日の朝、自宅から出勤途中に日本橋三越本店に立ち寄り、以後消息が途絶えていた。

当時、ＧＨＱがインフレ抑制のために実施した緊縮財政策で、空前の規模の大量解雇が強行されていた。６月、国鉄の初代総裁に就任した下山も大量の人員整理を発表。労働組合の激しい反発を招き、行方不明になった５日も労組との交渉が予定されていた。

事件直後から共産勢力による他殺説と自殺説が入り乱れた。遺体を解剖した東大法医学教室は死後、列車にひかれたとする他殺説を公表したが、法医学界でも見解は分かれ、警視庁は公式の捜査結果を公表せずに捜査を打ち切った。

この年の７、８月、下山事件をはじめ三鷹事件、松川事件と国鉄を舞台に３件の怪事件が連続発生した。東西冷戦下、中国大陸と朝鮮半島で共産勢力が伸長していた時期だけに、労組や共産党の弱体化を狙うＧＨＱと政府の謀略説も取り沙汰された。

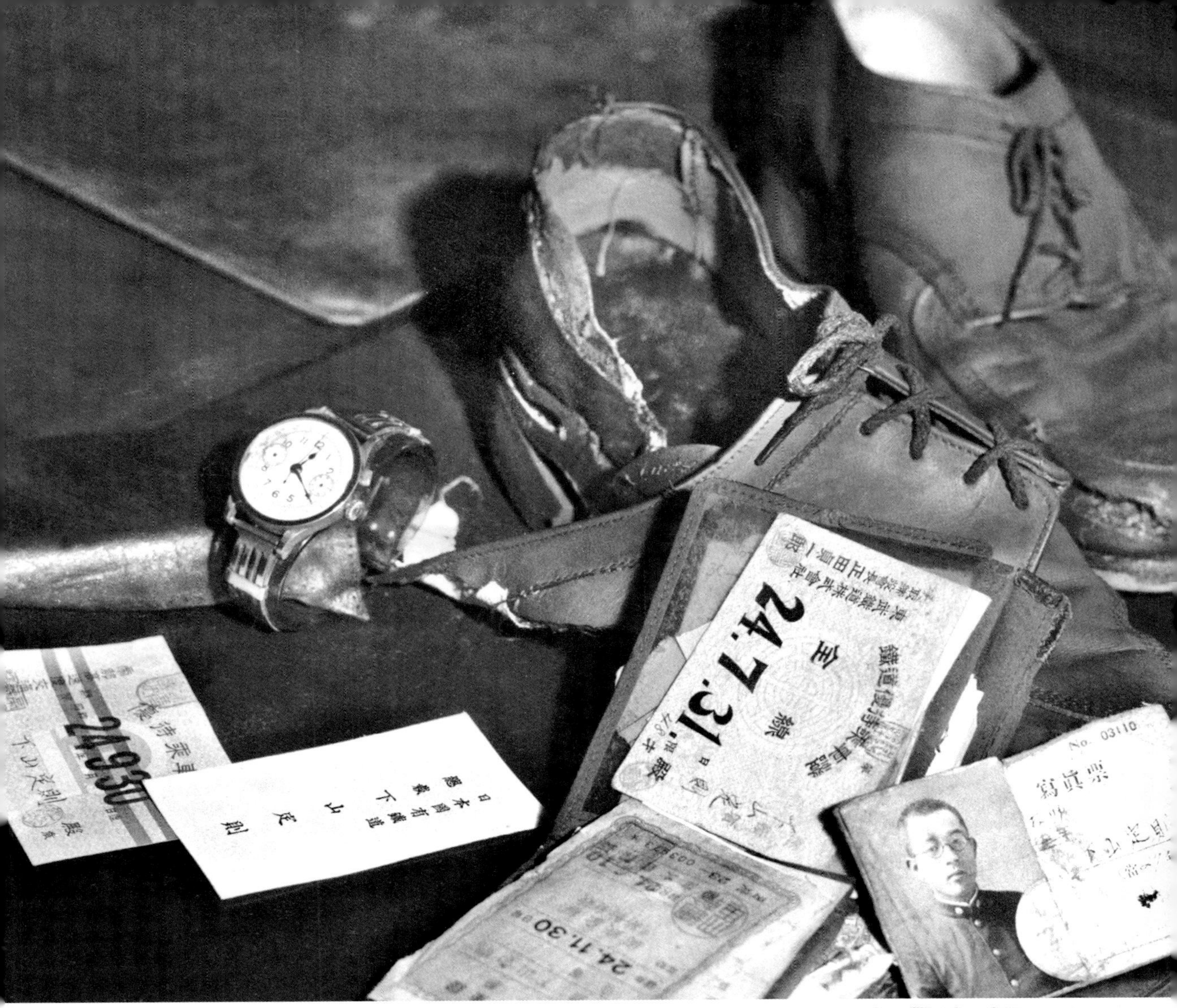

↑遺体発見場所での現場検証=7月

土地建物賣買紹介
堂
土木建築

東京・三鷹駅の車庫から無人電車が暴走し、民家に突入して6人が死亡＝7月16日

三鷹事件

無人列車が暴走、6人死亡

激化する労使紛争のさなか

1949年7月15日夜、東京都内の国鉄中央線三鷹駅車庫から無人の電車が突然暴走し、脱線のうえ駅舎と駅前派出所を破壊して民家に突っ込んだ。乗降客ら6人が死亡、十数人が負傷した。

事件は国鉄が6万人を超える第2次人員整理に着手した直後、労使の激しい攻防が展開している中で起きた。捜査当局は反対闘争を主導する国鉄労組三鷹電車区分会の共産党員9人と、非共産党員の竹内景助の共同謀議による犯行として計10人を起訴した。

事件直後、首相の吉田茂は、「社会不安を扇動する」として、共産党を批判する声明を発表するとともに国家再建に向けた人員整理の必要性を説いた。

一審、二審で9人の共産党員は無罪。竹内は一審で無期懲役、二審で死刑を言い渡され、55年に死刑判決が確定した。無罪を主張した竹内は再審請求中の67年、東京拘置所で病死した。

事件発生から6日後の7月21日、国鉄は当初の方針通り、約9万5000人の人員整理を完了した。

松川事件

救援運動、被告全員が無罪

↑現場近くの水田から発見された犬くぎ・おさえ木片・継ぎ目鋲・スパナ等＝8月18日

↑東北線松川―金谷川間で起きた列車の脱線転覆現場＝8月18日
←車輪を上に完全に転覆した機関車＝8月18日

国鉄労組は分裂、弱体化

1949年8月17日未明、国鉄東北線青森発上野行き列車が福島県金谷川村（現福島市）松川―金谷川間のカーブで脱線転覆。機関士ら3人が死亡した。現場レールの継ぎ目板が外され、枕木の犬くぎが大量に抜かれていたのが原因だった。

下山、三鷹事件に続く国鉄怪事件として注目を集め、官房長官の増田甲子七《かねしち》は事件翌日、「各種事件は思想的底流において同じもの」として、捜査開始前に共産党の関与を示唆した。

捜査当局は、大量解雇に反対していた東芝松川工場労組と国鉄労組構成員の共謀による犯行として組合員計20人を逮捕、起訴した。一審では5人の死刑を含む全員が有罪。二審では3人が無罪となった。

裁判が進む中、作家の広津和郎が「中央公論」誌上で無罪論を展開するなど文化人らを中心に救援運動が広がった。実行犯のアリバイを立証する労使交渉時のメモの存在も発覚し、63年、被告全員の無罪が確定した。

占領下の混乱期に連続発生した下山、三鷹、松川の国鉄3事件は、いずれも未解決のまま終わった。事件を経て国鉄労組は分裂、弱体化した。

C51 33

水泳の古橋、ロスで優勝
「フジヤマのトビウオ」に世界が驚嘆

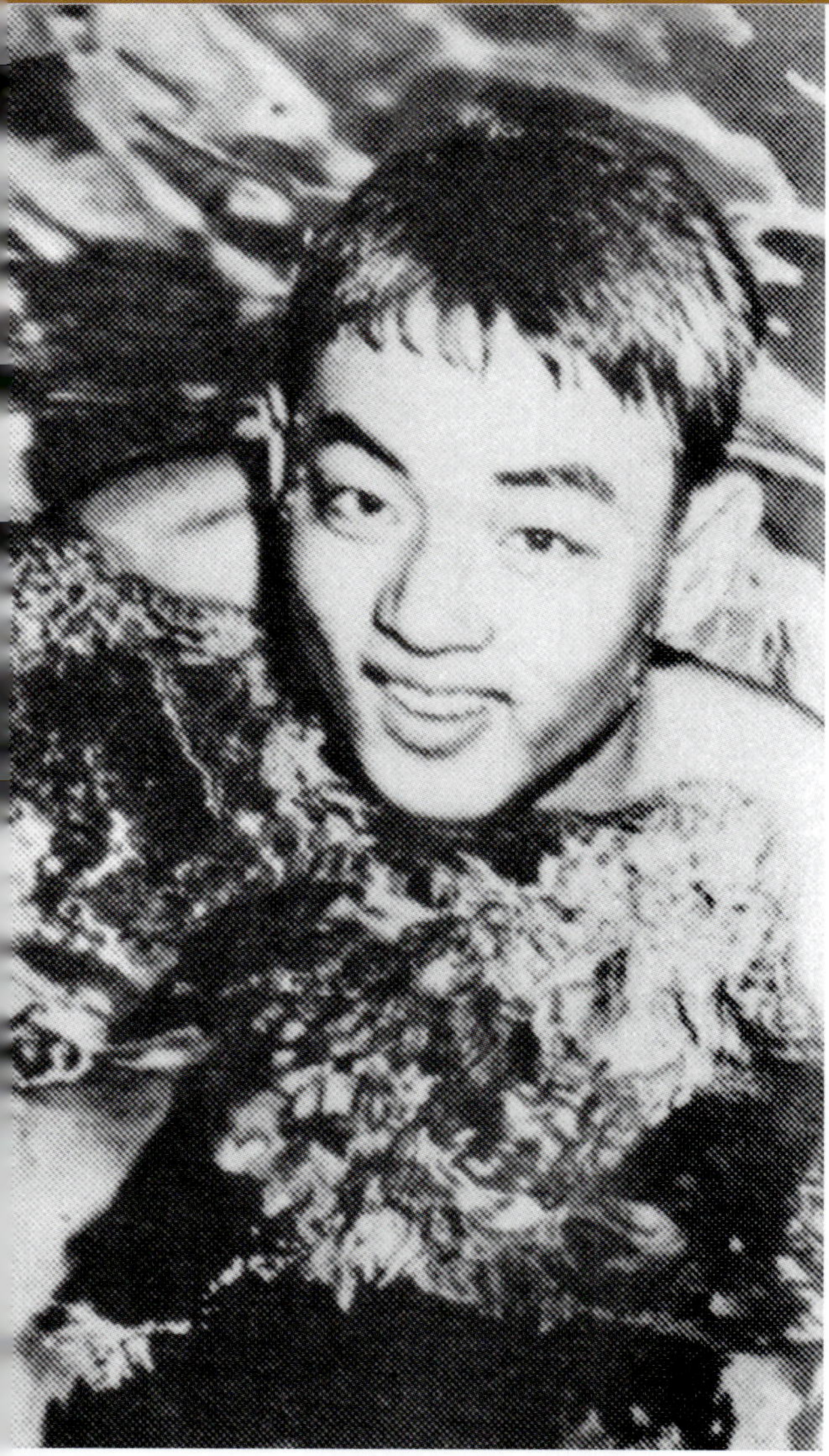

←世界新記録で1500メートル自由形に優勝した古橋広之進選手（左）。右は2位の橋爪四郎選手＝8月

敗戦国の国民を勇気づけ

米ロサンゼルスで１９４９年８月16日開幕した全米水上選手権大会で、日本大学の古橋広之進選手が１５００メートル、８００メートル、４００メートル自由形の３種目全てで世界新記録を樹立して優勝した。

初日から圧巻の泳ぎだった。１５００メートル予選、同期でライバルの橋爪四郎選手が世界記録を更新すると、古橋選手はこれをさらに約16秒縮め、18分19秒をマーク。４００メートルと８００メートルでも新記録を出した。

古橋選手はこの大会に先立つ47年８月の全日本選手権４００メートル自由形をはじめ、出場した国内大会で世界記録を上回る記録を出していた。だが敗戦国の日本は当時、国際水泳連盟を除名されており、いずれも公式記録としては認められなかった。

ロサンゼルスで連日繰り広げられる日本人の快泳に、米国のマスコミは「フジヤマのトビウオ」と呼んで古橋選手をたたえた。

古橋、橋爪ら日本人選手が

←NHKラジオサービスカーの実況放送に耳を傾ける人々＝8月、東京・新橋

国際競技で世界に示した活躍は日本国内にも新聞の号外でいち早く伝えられ、敗戦に打ちひしがれていた国民を勇気づけた。

湯川博士にノーベル物理学賞
初の受賞、国内沸き返る

↑授賞式後の夕食会でスミ夫人とダンスを披露する湯川秀樹博士＝12月10日

中間子の存在を予言

1949年11月3日、スウェーデン科学学士院は理論物理学者の湯川秀樹博士にノーベル物理学賞を授与すると発表した。日本人初のノーベル賞受賞に国内は沸き返った。

授賞理由となった業績は、原子核内にある陽子と中性子を結び付ける未知の新粒子「中間子」の存在の予言。

湯川は34年にこの中間子理論を学会発表し、翌年に「素粒子の相互作用について」と題する英語論文を公表した。47年、英国の物理学者パウエルらが宇宙線の中に中間子を発見したことで湯川理論が証

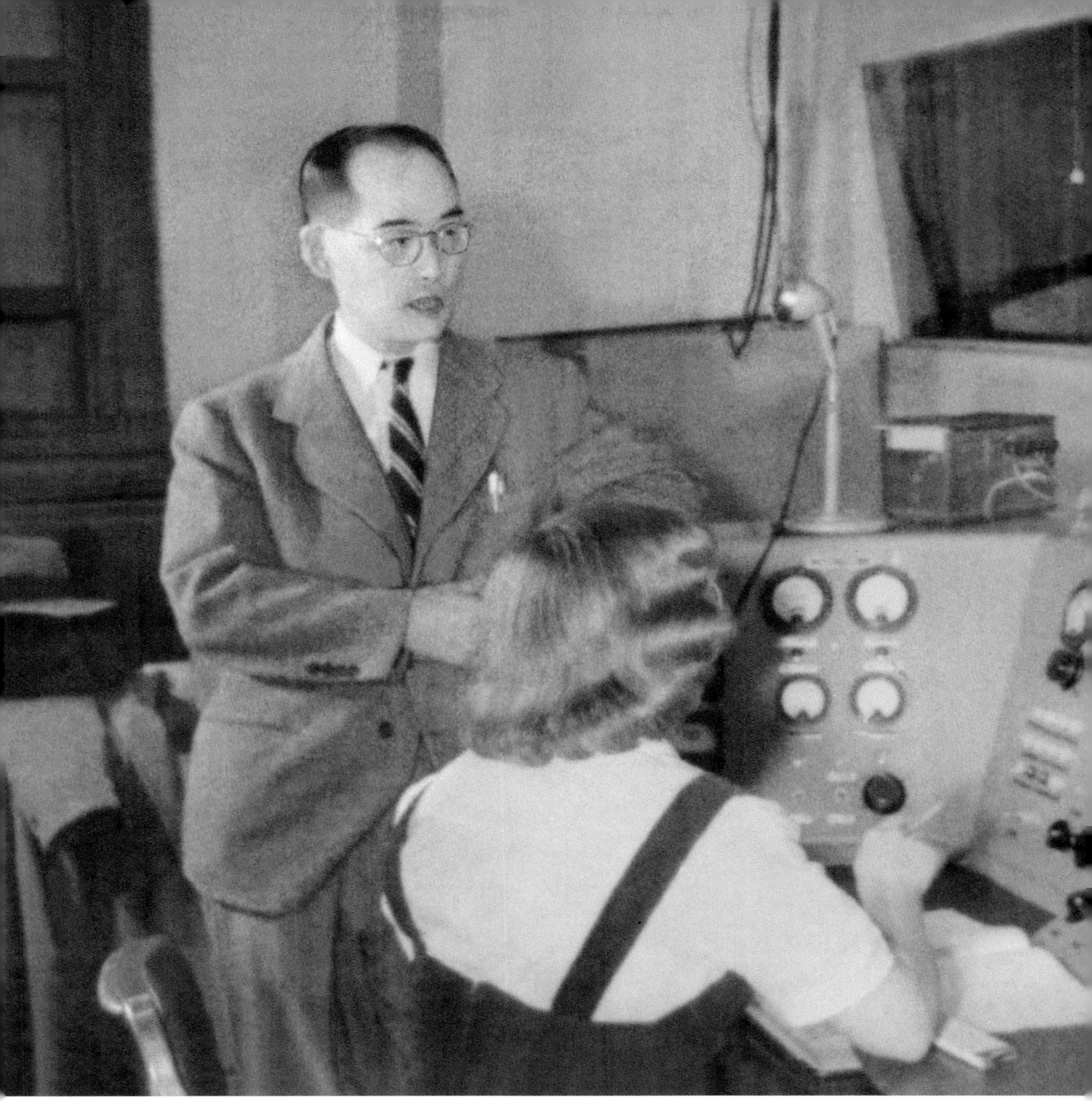

↑コロンビア大学客員教授として研究を行う湯川＝12月（ZMプロダクション提供）

↑湯川が受賞したノーベル賞の賞状

明され、それが受賞につながった。

湯川は京大卒業後、30代で京大教授に就任し、43年文化勲章を受章した。48年から米国のプリンストン高等学術研究所、コロンビア大の客員教授などを歴任。ノーベル賞受賞は米国で知らされた。

53年に帰国して京大の基礎物理学研究所の初代所長に就任。核兵器廃絶を訴える「ラッセル・アインシュタイン宣言」に署名し、宣言を受けて57年に開かれた第1回パグウォッシュ会議に参加するなど平和運動に尽力した。

↑経済団体連合会と懇談を行うシャウプ（右端）＝6月

→サヨナラパーティーで、すげがさをかぶり茶室に向かう（右から）ドッジ、蔵相の池田勇人、ドッジ夫人、池田夫人＝12月3日、東京・白金の料亭般若苑

戦後日本の経済安定図る

ドッジラインとシャウプ税制

綿密な調査を基に

日本経済の自立と経済復興を図るため、米国が打ち出した「経済安定9原則」に基づき、GHQはデトロイト銀行頭取のジョセフ・ドッジを呼び寄せた。

1949年2月に来日したドッジは1ドル＝360円の単一為替レートの設定や超均衡財政、輸出による自立など「ドッジライン」と呼ばれる政策を主導してインフレを収束させたが、財政基盤確立のための税制改革案に欠けていた。

そこでコロンビア大学教授のカール・シャウプを団長とする7人の専門家からなる使節団が5月10日に来日。約4カ月、政府の資料に頼らず、北海道から九州まで実地調査を展開した。繁華街の喫茶店に入ったり農家の庭先で話を聴いたりすることもあった。

これを基にGHQは9月15日、「シャウプ使節団日本税制報告書」を発表。本文は英文で6万語、日本文で17万字に及んだ。所得税など直接税を中心に据え、地方税と国税の分離や国の補助金の大幅整理を行い、地方財政平衡交付金制度の新設などを勧告した。

一連のシャウプ勧告は市町村の財政強化や地方自治の確立を促し、国民に公平感に基づく納税意識を根付かせた。

↑内外記者団に財政金融引き締め政策を発表するドッジ＝3月7日

中華人民共和国成立

アジアの大国誕生

天安門広場に湧き上がる歓声

1946年7月に始まった国民党との内戦を優位に進めた毛沢東率いる中国共産党は、新国家成立の準備を進めた。

49年9月21日から30日にかけて、党や人民解放軍、各民族、対立していた国民党の要人など、各団体の代表を集めて人民政治協商会議を開催した。

臨時憲法として、新国家は「労働者階級の指導する労農同盟を基礎とする人民民主主義国家」であるとする共同綱領を採択。

新国旗や国歌、西暦の採用なども定められた。中央人民政府主席には共産党主席の毛沢東が選ばれた。

副主席には人民解放軍総司令の朱徳、中国革命の父と呼ばれた孫文の夫人宋慶齢ら6人、政務院総理には周恩来が選ばれた。

10月1日、北京・天安門の楼上に立った毛沢東は、中華人民共和国の建国と中央人民政府の成立を宣言。天安門前の広場を埋め尽くした人々からは大きな拍手と歓声が湧き起こった。

広場前のポールには新国旗として制定された「五星紅旗」が掲揚され、軍楽隊により新国歌の「義勇軍行進曲」が演奏された。

10月1日、北京・天安門楼上で中華人民共和国の建国宣言をする中国共産党主席・毛沢東（ANS:現・中国通信）

1 January

1/26
法隆寺の金堂で火災が発生、貴重な壁画12面を焼損した。電気座布団からの失火といわれ、これをきっかけに文化財保護法が制定された。

1/19
1月23日の第24回衆議院議員総選挙に向けて選挙ポスターのコンテストが行われた。写真は小中学生の応募作品。

2 February

2/20
秋田県能代市で大火。消失家屋2000戸、死傷者150余人、被災者1万人を出した。写真は廃墟と化した能代市の焼け跡。

2/4
円筒形で赤く塗られた鉄製のポストがお目見えし、郵便集配人の新制服と共に披露された＝東京・中央郵便局

3 March

3/26
就職の申し込みを争う東京・飯田橋職業安定所。まだ労働需要は少なく、引き揚げ者も増え、失業者があふれていた。日雇いの日当が240円程度だったので「ニコヨン」と呼ばれていた。

3/11
洋傘が自由販売できるようになり、にぎわう百貨店の売り場。戦時中の物資不足は洋傘にも及んで、輸入中心の繊維材料が不足し配給品となっていた。

4 April

4/23
GHQが日本円に対する公式為替レートを1ドル360円と決定、25日から実施。写真は業者で混雑する貿易庁。

4/11
皇居内の旧本丸防空壕跡で貝塚の発掘が行われた。東大人類学教室の教授・学生が作業にあたり、新石器時代のものと思われる釣り針や耳飾りなどが出土した。

5 May

5/21
東京・上野公園入り口の歩道に戦災孤児たちの顔写真がずらり。身寄りや引き取り手を求めてのものだろうか。大都市では多くの子どもたちが路上生活をしていた。

5/13
終戦後、連合国軍警備兵が行ってきた皇居の警備が、この日の正午から日本の警察官に代わった＝皇居・坂下門

6 June

6/11
「国電ストのために学校に行けないので早くやめてほしい」と東京駅付近の煙突に登って国鉄スト反対を叫んだ2人の男性。

6/4
6月2日から東交労組が無期限ストに突入し、都電が一部を除いて走らなくなったため、交通局が用意した無料トラックに乗って通勤する人たち。

7/14
神奈川県横須賀市浦賀の造船所でノルウェーに輸出される捕鯨船の進水式が行われた。470トン、2000馬力。船舶の輸出は戦後の貿易立国日本を支えることになった。

7/1
前月27日に引き揚げ船で帰国。休養の後、到着した大阪駅前で赤旗に出迎えられた人たち。ソ連での徹底した思想教育で共産主義を教え込まれていた。

7
July

8/31
神奈川県に上陸したキティ台風による豪雨と強風が東京湾に高波を発生させ、満潮時とも重なって「ゼロメートル地帯」が水没、大きな被害を出した＝9月1日、東京都江東区

8
August

9/19
群馬県笠懸村の岩宿遺跡から見つかった旧石器時代の石器。日本には旧石器時代はない、というそれまでの常識を覆す発見となった。

9/5
6月1日に大蔵省専売局が日本専売公社に変わった。東京・数寄屋橋の街頭に立つ専売公社のタバコ娘。

9
September

10/20
1946年、国際連合国際児童緊急基金（ユニセフ）が設置され、戦争で疲弊した各国で児童を対象に援助活動を開始した。日本も脱脂粉乳や医薬品など援助物資の提供を受けた。写真は給食に喜ぶ子どもたち。

10/12
移動図書館バスが完成。子どもたちが本を借りに詰め掛け、順番待ちの行列ができた＝福岡県

10
October

11/1
大正時代から人も車も左側を通行していたが、自動車の増加に伴う交通事故の発生を減らすために、「人は右、車は左」の対面通行が全国一斉に実施された＝東京・南千住

11
November

12/1
渡米留学生の第1次試験が実施された。受験者はおよそ6000人で、最終合格者は142人だった。

12/1
郵政省が初のお年玉くじ付き年賀はがきを売り出した。募金付き3円、募金なしは2円だった。特等賞品は「ミシン」、1等「純毛洋服地」などで、最下等は現在と同じ切手だった。

12
December

8年ぶりに「インディラ」と対面するネールと娘のインディラ・ガンジー＝1957年10月

ネールから贈られた象の贈呈式でバナナをやる吉田茂（中央）＝10月

象のインディラ

1949年9月25日、インドからやってきた象のインディラが東京・上野動物園に到着し、見物客が押し寄せた。10月1日には首相の吉田茂らが出席して贈呈式が開かれた。

きっかけは、インド首相のネールに象を贈ってくれるよう求める日本の小学生たちの手紙だった。上野動物園の象は戦時中、脱走の危険から、猛獣類とともに処分されていた。ネールは子どもらの思いに応え、日本に贈る15歳の雌象に、のちに首相となる娘の名をつけた。

8月29日にカルカッタ（現コルカタ）を出港したインディラは9月23日、東京・芝浦に到着。25日未明、約9キロを歩いて上野動物園に到着した。

インディラは83年8月、上野動物園で病死した。

Sketches
1945 - 49

Radio

クイズ番組が大人気

47年11月にラジオ番組「二十の扉」の放送が開始。聴取者から寄せられた投書で問題を作り、人気を博した＝48年4月

「鐘の鳴る丘」の公開放送

戦災孤児たちに安住の地を与えようという筋のラジオドラマ「鐘の鳴る丘」の放送2周年を記念した公開放送が行われた。米国からフラナガン神父が来日し、浮浪児の救済を説いたことからスタートし、主題歌の「とんがり帽子」もヒットした＝49年7月、東京・日比谷公会堂

Music

「リンゴの唄」が大ヒット

終戦直後の45年10月に封切られた映画「そよかぜ」に主演した女優、並木路子の歌う「リンゴの唄」は、歌詞の「赤いリンゴ」と「青い空」という対比の鮮やかさや、彼女の澄んだ声の魅力もあって大ヒット。46年にはレコードも発売され、焼け跡の日本を象徴する1曲になった＝50年4月

帰国後初の演奏会

子どもの頃から天才少女とうたわれ、36年ベルギーに留学したバイオリニストの諏訪根自子。その後フランスを経てドイツに移り、戦争中も海外で演奏活動を続けたが、46年10月3日、帰国後初の演奏会を帝国劇場で開いた。

Culture

Art

二科展再建、東郷青児が宣伝にも積極的

1944年に解散していた二科展が46年に再建。28年にフランスから帰国後、多くの作品を二科展に出展していた画家の東郷青児が尽力した。宣伝活動にも積極的で、51年には東京・銀座をオープンカーでストリッパーを伴いパレードした(写真右手前、手を上げる男性)

Literature

「堕落論」で脚光を浴びる

46年に発表した「堕落論」で「日本は負け、武士道は亡びたが、堕落という真実の母胎によって初めて人間が誕生したのだ」と敗戦によってあからさまになった人間の実像に迫って時代の寵児となった作家の坂口安吾。織田作之助や太宰治らと共に無頼派と呼ばれた＝49年10月

獄中書簡がベストセラーに

太平洋戦争開戦直前の日本を舞台にしたゾルゲ事件で逮捕、死刑を執行された尾崎秀実が獄中から妻子に送った書簡集「愛情はふる星のごとく」が46年9月に発行されベストセラーとなった。

原爆体験を描く

1945年8月6日広島で原爆に遭いその経験を「夏の花」などの短編小説群で発表した原民喜。「ギラギラノ破片ヤ　灰白色ノ燃エガラガ　ヒロビロトシタ　パノラマノヨウニ　アカクヤケタダレタ　ニンゲンノ死体ノキミョウナリズム」(「夏の花」より)と片仮名で書かれた一節が人々の心を揺り動かした。

二つの祖国に揺れた女優

満州で育ち、中国人スター李香蘭として若い時代を過ごしたが、終戦に伴って日本人であることを告白、帰国し銀幕で活躍した山口淑子。「わが生涯のかがやける日」(48年)「暁の脱走」(50年) などに出演、後には参院議員にも転身した＝48年1月

映倫がスタート

「映画倫理規程宣誓式」が行われ映画倫理規程管理委員会 (映倫) が発足した＝49年6月、東京・有楽町の丸の内ピカデリー劇場

戦後の空気を軽妙に好演

「青い山脈」(49年) の芸者役で毎日映画コンクール助演女優賞を受賞した木暮実千代。「自由学校」(51年)、「お茶漬けの味」(52年) などに出演。妖艶な雰囲気で人気を博し、ボランティア活動などにも力を入れた。マダム・ジュジュのコマーシャルに登場し、CM女優第1号となった＝50年7月

Cinema

歌も映画もヒット

1949年に「銀座カンカン娘」で主演し、同名の主題歌も歌ってヒットさせた女優の高峰秀子。戦前の子役時代から日本のシャーリー・テンプルと呼ばれ、デコちゃんの愛称でも親しまれた。「宗方姉妹」(50年)「カルメン故郷に帰る」(51年)「二十四の瞳」(54年)「浮雲」(55年) などに出演＝48年12月

反戦をテーマに描く

戦時中、軍に協力的な映画を作ったことを悔いて、反戦をテーマにした監督の今井正。「民衆の敵」(46年)「青い山脈」(49年) などを連作した。東宝争議によって独立した後に撮った「また逢う日まで」(50年) では窓ガラス越しのキスシーンが有名だが、戦時下の日本を背景に男女を引き裂く戦争の非人間性を描いた＝47年

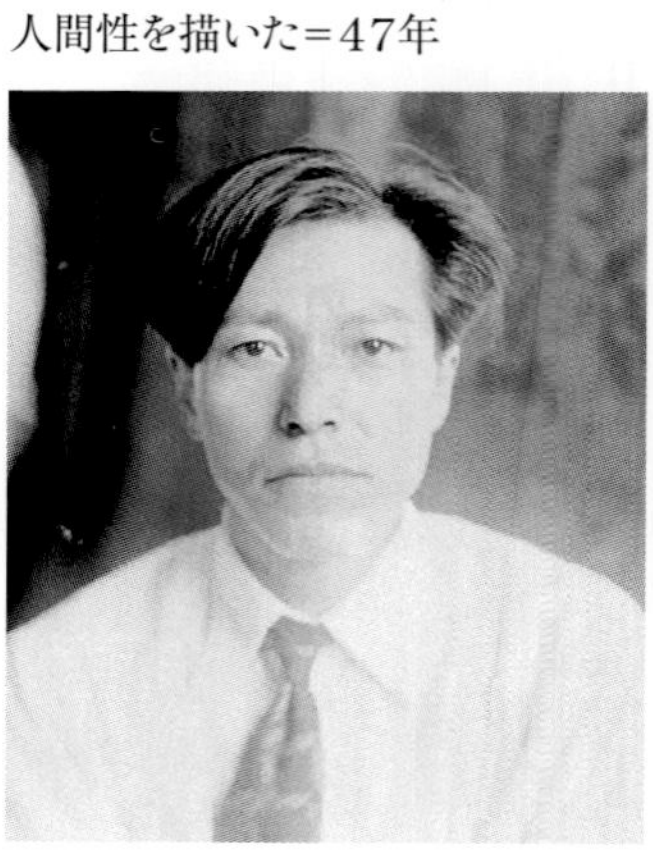

Sports

ナイター始まる

48年8月17日に横浜ゲーリック球場で初めて行われたのに続いて、神宮球場でも28日、プロ野球のナイターが行われた。

本場野球を満喫

49年10月にサンフランシスコ・シールズが来日、巨人や全日本軍を相手に戦った。シールズはニューヨーク・ヤンキース傘下の3Aチームだったが、力量の差は大きく、日本選手のチームは全敗だった。スタジアムで販売されたホットドッグやコーラも米国の味を感じさせた。

プロ野球が再開

46年4月27日、8球団によるプロ野球のペナントレースが開幕した。1位は近畿、2位が巨人だったが、青バットの大下弘（セネタース）、赤バットの川上哲治（巨人）ら人気選手の活躍する姿を見るために、多くのファンが球場へ足を運んだ=川上（写真左）、大下（右） 46年

3競技でマッカーサー元帥杯

卓球、テニス、軟式テニスの3競技でマッカーサー元帥杯を競う大会が47年8月から兵庫県西宮市で、都市対抗の形式で開かれた。その後、54年の第8回大会まで続いた=47年4月

東富士が初優勝

双葉山に目をかけられて鍛えられた東富士は48年5月場所で初優勝し、10月場所後に横綱に昇進した。最初の東京出身の横綱だったので江戸っ子横綱と呼ばれて親しまれた=48年5月、東京・明治神宮外苑相撲場

第1回国民体育大会を開催

46年の夏から開催された国体。戦災の少なかった京都など近畿5府県で秋季大会が開催された。食料難のため、選手は米やみそを持参した。GHQの統治下、入場行進もなく、日の丸や君が代の斉唱も省かれる開会式だった=46年11月、兵庫県・西宮球場

横綱双葉山が引退

前年に引退を表明していた大相撲の横綱双葉山の断髪式が行われた。69連勝など、国民的な人気を誇る横綱だったが、44年11月場所で関脇東富士に敗れて引退を決意した。まげにはさみを入れるのは横綱羽黒山=46年11月、東京・両国の旧国技館

Footprints

ダットサンの新型車

戦後初のスタンダードセダンに続いて登場したデラックスセダンDB型=47年12月

ダンスホールが盛況

娯楽の少なかったこの頃、ダンスが大流行してダンスホールも大いににぎわった=47年、東京・新橋

ペニシリンの大量生産始まる

抗生物質ペニシリンの国内での大量生産がようやく始まった。感染症に大きな効果を発揮した=48年1月

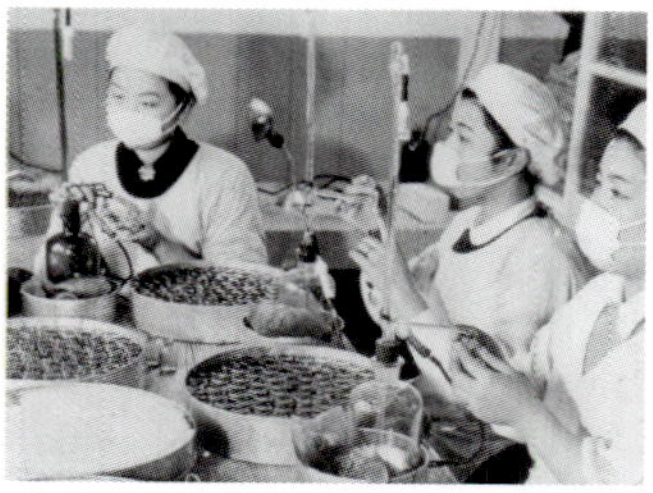

危険な甘味ズルチン

食料の欠乏していた戦後、甘さとは縁遠かった人々はショ糖の約250倍の甘さを持つズルチンに飛びついた。店頭に山積みされたが、毒性が強いため多量に摂取すれば危険だった上、闇市には怪しげな偽物も出回った=46年9月

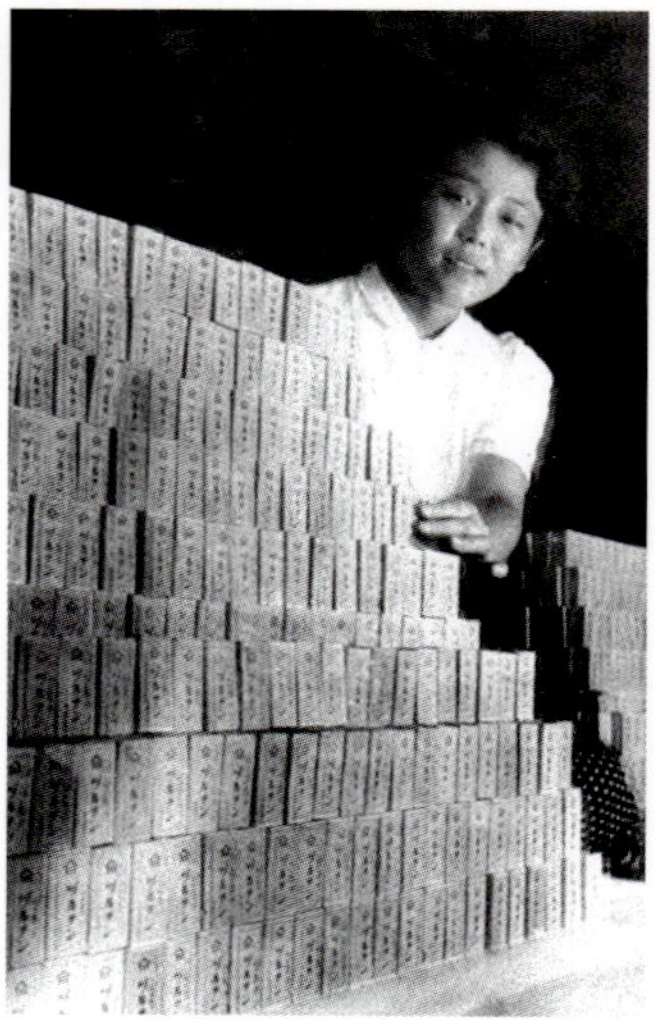

化粧品売り場も復活

終戦から2年、まだまだ食料不足の時代だったが、化粧品売り場は活況を呈した=47年7月

おしゃれは帽子から

女性が化粧をすれば、男性は帽子をかぶった。この頃、人気が高かったのがパナマ帽=47年5月、東京・日本橋

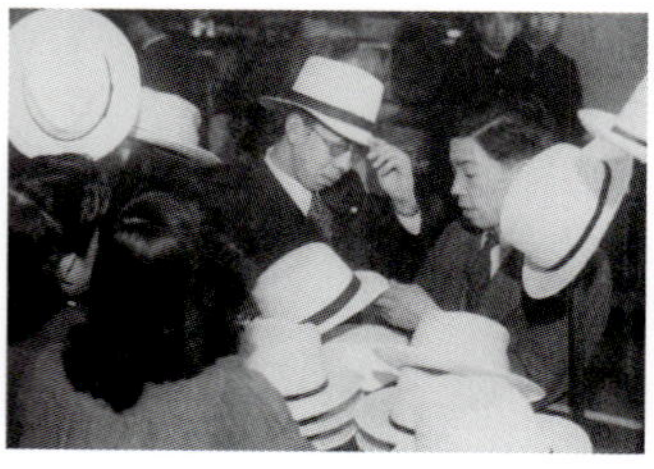

ピースに行列

1箱10本入り7円で新発売されたたばこ、ピースを求めてできた行列。品薄のため、日曜祝日だけの販売だった=46年1月、東京・銀座

キューピー人形売り出し

とがったおつむ、ぽっちゃりおなか、開いた手のひらなど、愛らしいキューピー人形が60円で売り出された=46年8月

電気パーマが大繁盛

戦後復興が進む中、おしゃれに敏感な女性たちで美容室は大繁盛だった。やがてコールドパーマが主流になり、こんな風景も見られなくなった=46年9月

夢という名のオートバイ

戦後すぐに広まった自転車オートバイに続いて、49年には本田技研工業が2輪車「ホンダ・ドリーム号D型」を発売した。2サイクルのエンジンで98cc、3馬力だった=49年8月

ダンスコンクール開催

米国から伝わったスクエアダンスが46年頃から全国に広まり、49年には全国スクエアダンスコンクールが華やかに開かれた=49年10月

赤い羽根の共同募金始まる

47年に始まった共同募金は赤いバッジを渡していたが、翌年から赤い羽根に変わった。これを日本人男性が着けるだろうかと心配されたが、49年には女学生に羽根をつけてもらう光景が見られるほどに広まった=49年10月、東京・有楽町の日劇前

ビアホールも再開

食料事情が好転してきて、酒の自由販売が始まったことで、ビアホールも再開した。久しぶりのジョッキを目当ての客で大繁盛=49年6月、東京・銀座

完成近い都営住宅

旧陸軍戸山学校の跡地に戸山アパートが建設された。ガス・水道・電気に水洗トイレまでついた新しい集合住宅が増えるにつれ、やがて団地族という言葉も生まれた=49年7月、東京・新宿

流行の服でさっそうと街を行く

終戦から4年、もんぺ姿や更生服が中心だった衣服もファッショナブルに変わった。流行のスタイルで、さっそうと街を行く女性たち=49年8月、東京

紙芝居に夢中

紙芝居を取り囲み、夢中で見入る子どもたち。テレビが無かったこの時代、紙芝居は身近にある大きな楽しみの一つだった=49年8月

フィルムを運んだ伝書バト

電信電話の発達していなかったころは、報道写真のフィルムを伝書バトで運んだ。通信筒を背中や足にくくりつけて、5羽1組で出動したハトは重要な役割を果たし50年代末まで使われた=48年ごろ、東京都内

水文字で地面にロードサイン

テレビのまだない時代、工夫を凝らした宣伝が登場した。広告スタンプを足につけ、歩くあとから水文字が現れるロードサインもその一つ=48年11月、東京・皇居前広場

戦後4年目の日本の技術を展示

神奈川県と横浜市が共同主催して開いた日本貿易博覧会の開会式。生糸やミシン、印刷機、反射望遠鏡やテレビなどの展示と共に、人形芝居や水中レビューなどのアトラクションもあった=49年3月、横浜市の野毛山公園

R.I.P.

R.I.P…Requiescat in Pace（ラテン語）の頭文字、「安らかに眠れ」の意味。ここは、著名な物故者の一覧ではなく、写真に残された著名人の記憶を記すコーナーです。名前の後の日付は死去した日、年齢は没年齢。

1945年（昭和20年）没

野口雨情（1月27日・62歳）

「赤い靴」「十五夜お月さん」「七つの子」「シャボン玉」などで知られる童謡作家。写真は青森県平内町の神社、日光院に残っていた野口雨情の直筆作品。

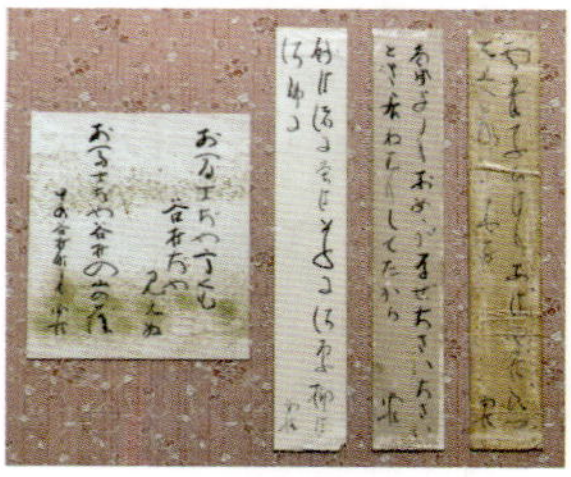

西田幾多郎（6月7日・75歳）

「善の研究」で知られる日本を代表する哲学者。思索のために歩いた京都の道は「哲学の道」と呼ばれる。

1946年（昭和21年）没

三浦 環（5月26日・62歳）

欧米でも活躍した声楽家。代表的な舞台は「蝶々夫人」。

隠匿物資

軍が保有していた食料や鉄鋼、木材などの物資のうち戦後の混乱に乗じて、不正に隠匿されていたもの。隠匿食料の配給に喜ぶ都民＝46年1月、東京

再生服・再生水着

身の回りに残っている着物や布切れで作った服や水着のこと。更生服とも呼ばれた。久留米がすりや赤メリヤスシャツなどで作った再生水着のコンテストも開かれた＝47年8月、福岡県新宮町の海水浴場

踊る宗教

「無我の舞い」と称する独特の踊りで信者を獲得した天照皇大神宮教。北村サヨが教祖となりハワイまで布教の範囲を広げた＝48年9月、東京・数寄屋橋

Buzzwords

バラック

焼け跡に残った廃材や、トタンを集めて作った住まい。雨漏りもひどかったので、晴れた日には、布団や傘を干した＝45年10月

ララ物資

米国で設立されたアジア救済連盟（LARA）が、日本や韓国などに送った食料品・衣料品・医薬品などのこと。食料不足の日本では、学校給食にも大きな役割を果たした＝47年5月

1949年(昭和24年)没

モーリス・メーテルリンク (5月6日・86歳)

童話劇「青い鳥」で知られるベルギーの詩人、劇作家。

六代目尾上菊五郎 (7月10日・63歳)

「菅原伝授手習鑑」の松王丸など多くの当たり役を持ち、立役も女形もこなした。写真は歌舞伎舞踊「藤娘」。

上村松園 (8月27日・74歳)

優れた美人画を残した日本画家。女性として初めて文化勲章を受章した。

若槻礼次郎 (11月20日・83歳)

元総理大臣で、和平・穏健派として知られた。

1948年(昭和23年)没

菊池 寛 (3月6日・59歳)

「文藝春秋」の創刊者で芥川賞や直木賞も設立した。代表作に「父帰る」「恩讐の彼方に」「真珠夫人」など。

米内光政 (4月20日・68歳)

第37代内閣総理大臣。最後の海軍大臣となるが、戦前は日米開戦に反対の立場だった。

美濃部達吉 (5月23日・75歳)

憲法学者、天皇機関説を唱えた。戦後憲法改正の作業にも顧問として参加した。

ベーブ・ルース (8月16日・53歳)

ニューヨーク・ヤンキース、ボストン・ブレーブスで活躍し、野球の神様と呼ばれた外野手。

阪田三吉 (7月23日・76歳)

関西名人とも呼ばれた将棋の名手。北条秀司の作品や村田英雄の歌「王将」のモデルとなった。写真は阪田三吉をしのんで行われた王将祭=98年7月、大阪・恵美須東

1947年(昭和22年)没

織田作之助 (1月10日・33歳)

無頼派を代表する小説家の1人。庶民の生活を細やかに描いた。

アル・カポネ (1月25日・48歳)

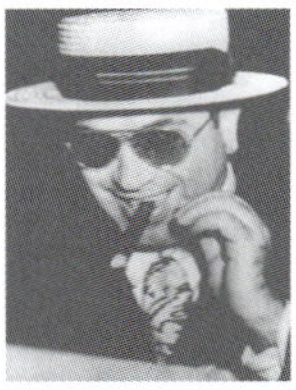

シカゴを拠点に犯罪組織を巨大化させたマフィアのボス。暗黒街の顔役としてしばしば映画などに描かれた。

幸田露伴 (7月30日・79歳)

「五重塔」など文語体の男性的な作品で知られ、尾崎紅葉と共に紅露時代を築いた。写真は葬儀で焼香する娘の幸田文=47年8月2日

共同通信社加盟社一覧

日本放送協会・産業経済新聞社・日本経済新聞社・ジャパンタイムズ・スポーツニッポン新聞社・報知新聞社・日刊スポーツ新聞社・毎日新聞社・北海道新聞社・室蘭民報社・河北新報社・東奥日報社・デーリー東北新聞社・秋田魁新報社・山形新聞社・岩手日報社・福島民報社・福島民友新聞社・下野新聞社・茨城新聞社・上毛新聞社・千葉日報社・神奈川新聞社・埼玉新聞社・山梨日日新聞社・信濃毎日新聞社・新潟日報社・中日新聞社・中部経済新聞社・伊勢新聞社・静岡新聞社・岐阜新聞社・北日本新聞社・北國新聞社・福井新聞社・日刊スポーツ新聞西日本・京都新聞社・奈良新聞社・神戸新聞社・山陽新聞社・中国新聞社・新日本海新聞社・山陰中央新報社・四国新聞社・愛媛新聞社・徳島新聞社・高知新聞社・西日本新聞社・大分合同新聞社・宮崎日日新聞社・長崎新聞社・佐賀新聞社・熊本日日新聞社・南日本新聞社・沖縄タイムス社・琉球新報社

参考文献

「戦後50年」共同通信社／「Focus on 60yrs.」共同通信社／「世界年鑑2014」共同通信社／「20世紀」集英社／「戦後50年」毎日新聞社／「近代日本総合年表」岩波書店／「戦後史大事典」三省堂／「20世紀全記録」講談社／「世界全史」講談社／「昭和史全記録」毎日新聞社／「20世紀年表」毎日新聞社／「20世紀一冊100年」角川書店／「昭和二万日の全記録」講談社／「モノ誕生『いまの生活』」水牛くらぶ編集　晶文社／「現代世相風俗史年表」世相風俗観察会編　河出書房新社／「数字でみる日本の100年」矢野恒太記念会／「昭和時代三十年代」「昭和時代 戦後転換期」読売新聞昭和時代プロジェクト　中央公論新社／「戦後50年日本人の発言」上・下　文芸春秋編　文芸春秋／「新聞と『昭和』」朝日新聞「検証・昭和報道」取材班　朝日新聞出版／「昭和史　戦後篇」半藤一利著　平凡社／「日録20世紀」講談社／「朝日クロニクル週刊20世紀」朝日新聞社／「サン写眞新聞」毎日新聞社／「週刊昭和」朝日新聞出版／「オールタイム・ベスト映画遺産200　日本映画篇」キネマ旬報社／「昭和をとらえた写真家の眼」松本徳彦著　朝日新聞社／「東京裁判」上・下　児島襄著　中公新書／「マッカーサーが来た日」河原匡喜　光人社NF文庫　ほか

編　集・発　行：一般社団法人共同通信社　戦後70年写真事業実行委員会
制　　　　作：株式会社アマナイメージズ
編　　　　集：飯岡志郎・片岡義博・沼田清・小野完次・三谷英生・原真喜夫・千葉秀一・原徳子・藤岡敬三・泉直樹・隈元大吾・湯淺光世・幻冬舎チームM
アートディレクション：山本雅一（スタジオギブ）
DTPオペレーション：徳永修・森本直樹（電子出版ラボ）
著　作　権　管　理：株式会社共同通信イメージズ

---

the Chronicle ―ザ・クロニクル戦後日本の70年― 1
1945-49 廃墟からの出発

発　行　2014年10月3日　第1刷発行

発行人　福山正喜
発　行　一般社団法人 共同通信社
〒105-7201 東京都港区東新橋1-7-1
発　売　株式会社 幻冬舎
〒151-0051 東京都渋谷区千駄ヶ谷4-9-7
印刷・製本　図書印刷株式会社

落丁・乱丁については送料小社負担でお取り換えします。

本書の無断転載、電子送信は固くお断りします。

©Kyodo news 2014 Printed in Japan. ISBN 978-4-344-95252-2

この書籍に掲載されている写真のご利用、お問い合わせは、
下記WEBサイトよりお願いします。
KYODO NEWS IMAGELINK（https://imagelink.kyodonews.jp）